ビビる！都市伝説《としでんせつ》&怪談《かいだん》スペシャル

第一章《だいいっしょう》

こわすぎる！心《しん》霊《れい》写《しゃ》真《しん》大《だい》集《しゅう》合《ごう》

写真《しゃしん》には、目《め》に見《み》えない霊《れい》の姿《すがた》が写《うつ》ることがある。その全国《ぜんこく》から送《おく》られてきた恐《きょう》怖《ふ》の心霊写真《しんれいしゃしん》を大公開《だいこうかい》！

砂《すな》浜《はま》で遊《あそ》ぶ子《こ》どもをつつんだぶきみなもや

写真《しゃしん》全体《ぜんたい》に白《しろ》いもやのようなものが写《うつ》っている。写《しゃ》真《しん》をとった日《ひ》には、このようなもやなどは、発生《はっせい》していなかったという。そこで写真《しゃしん》を調《しら》べてみたところ、写《うつ》ったもやは霊《れい》の存在《そんざい》が原《げん》因《いん》であることが分《わ》かった。

　このもやは、海《うみ》でおぼれ死《し》んだ人《ひと》の霊《れい》が近《ちか》くにいたために写《うつ》ったもの。一般的《いっぱんてき》に、霊《れい》は人《ひと》の形《かたち》をしているイメージを持《も》たれがちだが、必《かなら》ずしもそうとは限《かぎ》らない。むしろ、もやや光《ひかり》のような形《かたち》で、写真《しゃしん》に写《うつ》るケースのほうが数多《かずおお》いのである。

　ちなみに、この写真《しゃしん》にもやとして写《うつ》っている霊《れい》は、悪意《あくい》が感《かん》じられない浮遊霊《ふゆうれい》なので、写真《しゃしん》の子《こ》どもたちは心配《しんぱい》いらない。

雪《ゆき》の上《うえ》に写《うつ》りこんだ死者《ししゃ》の顔《かお》……

雪《ゆき》がつもったため、前《まえ》に進《すす》めなくなった車《くるま》をみんなで押《お》している様子《ようす》を写真《しゃしん》にとったところ、車《くるま》のわきに霊《れい》が写《うつ》っていた。

後《うし》ろのタイヤの近《ちか》くにつもっている雪《ゆき》の上《うえ》に、人《ひと》の顔《かお》らしいものがうかんで見《み》える。これは、あまりの寒《さむ》さにこごえ死《じ》んでしまった昔《むかし》の人《ひと》の浮遊霊《ふゆうれい》だ。

この写真《しゃしん》からは、自分《じぶん》はこごえ死《じ》んだのに、ほかの人《ひと》がぬくぬくと生《い》きていることへの霊《れい》のにくしみが感《かん》じられる。必《かなら》ずおはらいしてから、処分《しょぶん》してしまうこと。

だれもいないはずの少年《しょうねん》の後《うし》ろに……

"気《き》を付《つ》け"の姿勢《しせい》で立《た》っている少年《しょうねん》。その左肩《ひだりかた》の後《うし》ろに、人《ひと》の頭《あたま》が写《うつ》っている。写真《しゃしん》を見《み》る限《かぎ》り、少年《しょうねん》の後《うし》ろにだれかが立《た》っている様子《ようす》はない……。そう、この頭《あたま》は、霊《れい》が写《うつ》ったものなのだ。

写真《しゃしん》に写《うつ》った霊《れい》は、その近《ちか》くで死《し》んだ子《こ》どもの霊《れい》が地縛霊《じばくれい》となったもの。死《し》んだ場所《ばしょ》からはなれられず、ずっと一人《ひとり》でいるさびしさから、記念写真《きねんしゃしん》をとっている少年《しょうねん》の背後《はいご》に現《あらわ》れたのだ。この写真《しゃしん》と写真《しゃしん》をとった場所《ばしょ》はできればすぐにおはらいしたほうがいいだろう。

川辺《かわべ》の岩《いわ》にうかんだ人《ひと》の顔《かお》

ただ川《かわ》で男性《だんせい》が気持《きも》ちよさそうに泳《およ》いでいるだけにしか見《み》えない写真《しゃしん》。だが、よく見《み》ると、白《しろ》い石《いし》に人《ひと》の顔《かお》が写《うつ》っていることが分《わ》かる。それも二人《ふたり》も。

実《じつ》はこの写真《しゃしん》、泳《およ》いでいる男性《だんせい》が霊《れい》にねらわれている様子《ようす》が写《うつ》ったものなのだ。

写真《しゃしん》の霊《れい》は交通事故《こうつうじこ》でいっしょに死《し》んだ人間《にんげん》。そして、この世《よ》に未練《みれん》を残《のこ》して死《し》んだ二人《ふたり》は、他人《たにん》に同《おな》じ思《おも》いを味《あじ》わわせようとしている。実際《じっさい》、男性《だんせい》はこのあと、足《あし》をひっぱられたような感《かん》じがしたと思《おも》ったら、次《つぎ》の瞬間《しゅんかん》にはおぼれていたらしい。運《うん》よく、写真《しゃしん》をとっていた友《とも》だちに助《たす》けられたが、もし一人《ひとり》だったならば、写真《しゃしん》の霊《れい》の仲間《なかま》になっていたかもしれない……。

アレッ!? フレームの一部《いちぶ》が消《き》えている!

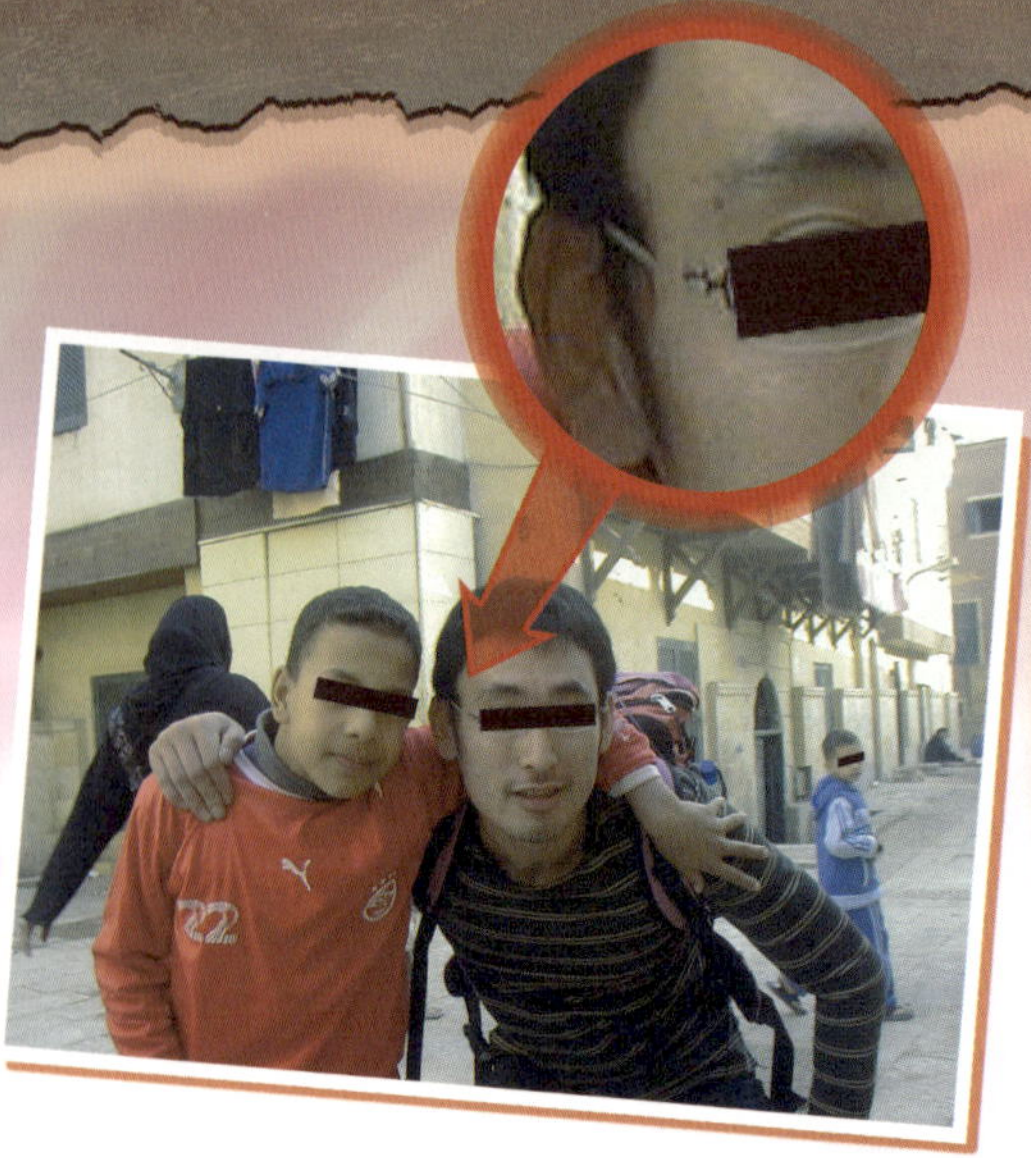

当《あ》たり前《まえ》のことだが、霊《れい》は世界《せかい》中《じゅう》に存在《そんざい》する。その証拠《しょうこ》となる写《しゃ》真《しん》を紹介《しょうかい》しよう。これは、右側《みぎがわ》に写《うつ》っている男性《だんせい》が海外旅行《かいがいりょこう》に行《い》ったときの写真《しゃしん》。現地《げんち》の子《こ》どもと記《き》念写真《ねんしゃしん》をとったのだが、メガネのフレームが消《き》えていた。

　この現象《げんしょう》は、子《こ》どもの霊《れい》のイタズラによるものである。その子《こ》はまだ小《ちい》さいうちに死《し》んでしまったので、自分《じぶん》が死《し》んだことに気付《きづ》いていない。だから、外国人《がいこくじん》が記念《きねん》撮影《さつえい》しているのをめずらしがって、イタズラしてきたのだ。

木《き》に写《うつ》った人《ひと》の顔《かお》

この写真《しゃしん》は旅行中《りょこうちゅう》に、友《とも》だちとたがいに記念写真《きねんしゃしん》をとりあったもの。そして、木《き》の上《うえ》に、ぶきみな人《ひと》の顔《かお》が写《うつ》っている。

これは森《もり》で自殺《じさつ》した男性《だんせい》の霊《れい》が写《うつ》ったものである。この男性《だんせい》は生《い》きていくのがいやになって自殺《じさつ》したのだが、この世《よ》を呪《のろ》う気持《きも》ちが強《つよ》すぎたため、成仏《じょうぶつ》できずに地縛《じばく》霊《れい》となっている。

とてもいやな感《かん》じがするので、すぐに神社《じんじゃ》へ行《い》って、おはらいしてもらったあと、神主《かんぬし》さんに頼《たの》んで処分《しょぶん》してもらったほうがいい。

テーブルの上《うえ》に写《うつ》った犬《いぬ》の霊《れい》……

これは動物霊《どうぶつれい》が写《うつ》ったためずらしい1枚《まい》だ。テーブルの上《うえ》に、前《まえ》を向《む》いた犬《いぬ》の顔《かお》が確認《かくにん》できる。写真《しゃしん》の霊《れい》は、犬《いぬ》のそばにいる人《ひと》が以前《いぜん》、飼《か》っていた犬《いぬ》。その人《ひと》は死《し》んだ愛犬《あいけん》が写《うつ》っているのを見《み》て、とてもビックリしたという。

この犬《いぬ》は霊《れい》となったあとも、飼《か》い主《ぬし》を守《まも》っているのだ。写真《しゃしん》は大切《たいせつ》に取《と》っておくといい。

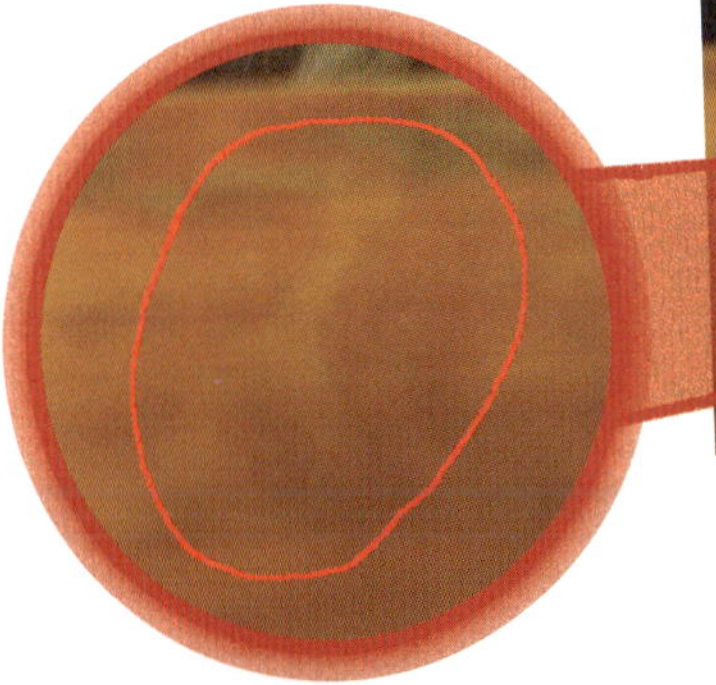

防空《ぼうくう》ごうのかべに現《あらわ》れた戦争《せんそう》で死《し》んだ人《ひと》の霊《れい》

この写真《しゃしん》は、海外旅行中《かいがいりょこうちゅう》に行《い》った防空《ぼうくう》ごうでとられたもの。防空《ぼうくう》ごうとは、戦争中《せんそうちゅう》に爆弾《ばくだん》の爆風《ばくふう》から身《み》を守《まも》るために作《つく》られたあなだ。

そのかべに人《ひと》の顔《かお》が写《うつ》っていた。これは戦争《せんそう》で死《し》んだ男性《だんせい》の霊《れい》だ。しかも、防空《ぼう》ごうに逃《に》げこみおくれて死《し》んでしまっている。戦争《せんそう》が終《お》わって何十年《なんじゅうねん》もたつが、まだ成仏《じょうぶつ》できていない。彼《かれ》が安《やす》らかにねむれる日《ひ》が来《く》ることをいのろう。

写真《しゃしん》に写《うつ》りこんだ守護霊《しゅごれい》の光《ひかり》

海《うみ》で泳《およ》いでいる男性《だんせい》の上《うえ》に、光《ひかり》が写《うつ》っている。これは男性《だんせい》の守護霊《しゅごれい》が現《あらわ》れたもの。ちなみに、この人《ひと》の守護霊《しゅごれい》は遠《とお》い昔《むかし》のご先祖様《せんぞさま》だ。

海《うみ》にはおぼれ死《し》んだ人《ひと》の霊《れい》などがいることも多《おお》い。そして、悪意《あくい》を持《も》った霊《れい》は生《い》きている人《ひと》をあの世《よ》にひきずりこもうとすることがある。そういった霊《れい》から男性《だんせい》を守《まも》るべく、守護《しゅご》する力《ちから》を強《つよ》めた影響《えいきょう》で、光《ひかり》という形《かたち》で写真《しゃしん》に写《うつ》ったのだ。

温泉《おんせん》に現《あらわ》れた大量《たいりょう》の光《ひかり》!!

写真全体《しゃしんぜんたい》にちらほらと見受《みう》けられる白《しろ》い小《ちい》さな光《ひかり》。何《なに》も知《し》らない人《ひと》が見《み》たら、雪《ゆき》でもふっていたのかと思《おも》うところだ。しかし、これらの光《ひかり》は、実《じつ》はいろいろな人《ひと》たちの霊《れい》。悪意《あくい》は感《かん》じられない

ことから、温泉《おんせん》に入《はい》っている人《ひと》たちに、害《がい》を加《くわ》えようとしているわけではない。どうやら、この近《ちか》くの土地《とち》に住《す》んでいた大昔《おおむかし》の人々《ひとびと》の霊《れい》が現《あらわ》れたもののようだ。

　この写真《しゃしん》がとられたのは、8月《がつ》半《なか》ば。ちょうどお盆《ぼん》の時期《じき》だったそうだから、霊《れい》たちがそれぞれの子孫《しそん》の家《いえ》に向《む》かっている様子《ようす》が写《うつ》ったのだろう。

船《ふね》の通《とお》ったあとに白《しろ》い顔《かお》がうかんだ

記念写真《きねんしゃしん》をとっている子《こ》どもの後《うし》ろには、海《うみ》が広《ひろ》がっている。そこを船《ふね》が通《とお》ったあとにできる白《しろ》い波《なみ》の上《うえ》に、霊《れい》の顔《かお》がうかんでいた。

これは海《うみ》でおぼれ死《し》んだ人《ひと》の霊《れい》が写《うつ》ったもの。

写《うつ》った霊《れい》は乗《の》っていた船《ふね》がしずんで、なくなっている。そして、写真《しゃしん》からは前《まえ》を行《い》く船《ふね》のあとを追《お》おうとする思《おも》いが感《かん》じられる。自《じ》分《ぶん》が死《し》んだことが分《わ》からず、助《たす》けを求《もと》めているのだろう。

第二章《だいにしょう》

全《ぜん》国《こく》各《かく》地《ち》で大《だい》発《はっ》生《せい》!?

学《がっ》校《こう》の怪《かい》談《だん》

学校《がっこう》には霊《れい》がいっぱいいるんだ！　全国《ぜんこく》から送《おく》られてきた学校《がっこう》でのこわ〜い話《はなし》に、キミはたえられるか!?

三面鏡《さんめんきょう》

はたくそ（茨城県《いばらきけん》）

ボクは今《いま》でも鏡《かがみ》を見《み》るのがこわいです。

これは文化祭《ぶんかさい》のときの話《はなし》です。ボクたちのクラスは、おばけやしきをすることになりました。おばけの役《やく》は全部《ぜんぶ》で13人《にん》です。ボクは仲《なか》のいいYくんといっしょに、おばけに選《えら》ばれました。

おばけのメイクのため、先生《せんせい》が用務員室《ようむいんしつ》から三面鏡《さんめんきょう》を持《も》ってきてくれました。三面鏡《さんめんきょう》というのは、3枚《まい》の鏡《かがみ》がセットになったものです。ボクの家《いえ》にもあって、お母《かあ》さんもよくこれでおけしょうをしています。

ボクはYくんに顔《かお》をぬってもらいました。そのとき突然《とつぜん》Yくんが「ぎゃっ！」と声《こえ》をあげて青《あお》ざめました。Yくんにわけを聞《き》くと、一瞬《いっしゅん》ボクの顔《かお》が本物《ほんもの》のおばけみたいにこわく見《み》えたのだそうです。

（そんなにこわいかな？）

ボクは三面鏡《さんめんきょう》をのぞきこんでみましたが、全然《ぜんぜん》こわくありません。

「Yくんは弱虫《よわむし》だなぁ」

「さっきの表情《ひょうじょう》はすごくこわかったよ。まるで別人《べつじん》だった」

Yくんはふるえていました。

その後《ご》、おばけやしきは大成功《だいせいこう》に終《お》わり、おばけ役《やく》のみんなで、メイクをしたまま記念写真《きねんしゃしん》をとることにしました。

一人《ひとり》ずつ、とびっきりこわい顔《かお》をして、先生《せんせい》にデジカメでとってもらうのです。ボクは三面鏡《さんめんきょう》のそばに立《た》って、できるだけこわい顔《かお》でカメラのほうをふりむき、その瞬間《しゅんかん》をとってもらいました。

数日後《すうじつご》、先生《せんせい》が写真《しゃしん》をプリントアウトして、みんなに配《くば》ってくれました。ボクは自分《じぶん》の写《うつ》った写真《しゃしん》を見《み》て、とびあがっておどろきました。ポーズを決《き》めた自分《じぶん》の顔《かお》がこわかったからではありません。もっとこわい顔《かお》がそこには写《うつ》っていたんです。三面鏡《さんめんきょう》には鏡《かがみ》が3枚《まい》あるので、ボクの姿《すがた》も三人《さんにん》うつっています。まんなかと左《ひだり》の鏡《かがみ》にはボクの後《うし》ろ姿《すがた》がうつっていました。でも、一番右《いちばんみぎ》の鏡《かがみ》にうつっている顔《かお》だけは、すごくおそろしい表情《ひょうじょう》で、ボクをにらみつけているんです。Yくんに見《み》せると「ボクが見《み》たのは、この顔《かお》だよ……」と言《い》って、ガタガタふるえだしました。

このことを先生《せんせい》に言《い》うと、昔《むかし》、失恋《しつれん》した用務員《ようむいん》さんが三面鏡《さんめんきょう》のあった用務《ようむ》員室《いんしつ》で自殺《じさつ》していたことを教《おし》えてくれたんです。そして、「その霊《れい》の仕業《しわざ》かもしれないわね」と言《い》うと、写真《しゃしん》とデジカメのデータを処分《しょぶん》してくれました。

ボクは今《いま》、家《いえ》でこれを書《か》いていて、後《うし》ろにはお母《かあ》さんがいつも使《つか》っている三面鏡《さんめんきょう》があります。さっきから、だれかに見《み》られているような気《き》がしているんですが、こわくてふりむけません。

屋上《おくじょう》にいたなぞの女《おんな》の子《こ》

ピンポン（宮崎県《みやざきけん》）

美術部《びじゅつぶ》の私《わたし》は、放課後《ほうかご》になるといつも一人《ひとり》で屋上《おくじょう》に行《い》って、裏山《うらやま》の風景《ふうけい》を描《か》いていました。初《はじ》めて屋上《おくじょう》に行《い》ったときの奇妙《きみょう》な感覚《かんかく》は、今《いま》でもよくおぼえています。階段《かいだん》をあがってとびらを開《あ》けると、夏《なつ》の夕暮《ゆうぐ》れの生温《なまあたた》かい風《かぜ》がはだにまとわりついてきました。そのとき、おばあちゃんの家《いえ》の仏《ぶつ》だんみたいなお線香《せんこう》のにおいが少《すこ》しだけしたんです。そして、だれかから見《み》られている感《かん》じもしました。でも、あたりを見《み》まわしてみても、だれもいません。

（おかしいな。気《き》のせいかな？）

気味《きみ》が悪《わる》かったんですけど、私《わたし》は屋上《おくじょう》から見《み》た夕暮《ゆうぐ》れの風景《ふうけい》を描《か》きたかったので、気《き》にしないようにしました。

それから毎日《まいにち》のように屋上《おくじょう》に通《かよ》って、少《すこ》しずつ絵《え》を完成《かんせい》させていきました。するとある日《ひ》、いつものように屋上《おくじょう》に行《い》ったら、女《おんな》の子《こ》が一人《ひとり》でうずくまっていたんです。少《すこ》し気《き》になったけど、知《し》らない生徒《せいと》みたいだったから、とくに話《はな》しかけずに絵《え》の続《つづ》きを描《か》くことにしました。

そのときです。裏山《うらやま》のまんなかあたりに白《しろ》く光《ひか》っている何《なに》かが見《み》えました。そんなもの昨日《きのう》まではなかったから、おかしいなと思《おも》ってよく見《み》てみると、白《しろ》く光《ひか》っていたのはたくさんのお墓《はか》だったんです！　ビックリした私《わたし》が固《かた》まっていると、今度《こんど》はすすり泣《な》きが聞《き》こえてきました。あたりを見《み》まわすと、うずくまっていた女《おんな》の子《こ》が肩《かた》をふるわせて泣《な》いていました。

「だいじょうぶ、どこか痛《いた》いの？」

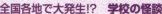

心配《しんぱい》になった私《わたし》は声《こえ》をかけました。すると、女《おんな》の子《こ》は小《ちい》さな声《こえ》で「ずっと一人《ひとり》だから、さみしかった」と言《い》って、顔《かお》をあげたんです。

私《わたし》はてっきり、女《おんな》の子《こ》の顔《かお》はなみだでクシャクシャになっているとばかり思《おも》っていたんですけど、全然《ぜんぜん》違《ちが》いました。その子《こ》は、ものすごい形相《ぎょうそう》で私《わたし》をにらみつけてきたんです。おどろいて声《こえ》をあげようとしても、だれかに首《くび》をしめられているみたいに苦《くる》しくて、何《なに》も言《い》えませんでした。

「いっしょに行《い》こうよ」

　女《おんな》の子《こ》はそう言《い》うと、私《わたし》のうでをつかみ、屋上《おくじょう》のさくのほうにひっぱりだしたのです。さくの向《む》こうには、白《しろ》く光《ひか》る墓《ぼ》地《ち》が見《み》えました。屋上《おくじょう》のさくの高《たか》さはこしくらいまでしかなく、このままだと落《お》ちちゃうと思《おも》った私《わたし》は、心《こころ》のなかでさけびました。

（助《たす》けて！　だれか助《たす》けて!!）

　そのとき屋上《おくじょう》のとびらが開《ひら》いて、見《み》まわりの美術部《びじゅつぶ》の先生《せんせい》が来《き》てくれたんです。そのとたん女《おんな》の子《こ》の姿《すがた》は消《き》えて、裏山《うらやま》の墓《ぼ》地《ち》もいつの間《ま》にか見《み》えなくなっていました。

赤《あか》く染《そ》まるジャングルジム

ワタルンバ（青森県《あおもりけん》）

「この学校《がっこう》では昔《むかし》、人《ひと》が死《し》んでいるから……」

なんの話《はなし》をしているときだったかな。放課後《ほうかご》、クラスメイトのTがいきなりそんなことを言《い》ったんだ。初《はじ》めて聞《き》く話《はなし》だったから、オレはすげぇビックリしちゃって、いろいろとくわしく教《おし》えてもらった。

Tの話《はなし》だと、人《ひと》が死《し》んだ場所《ばしょ》っていうのはグラウンドにあるジャングルジム。夕方《ゆうがた》、ジャングルジムで遊《あそ》んでいた男《おとこ》の子《こ》が足《あし》をすべらせて地面《じめん》に落《お》ちたんだって。そして、ランドセルにさしていた定規《じょうぎ》がおれて首《くび》にささって、血《ち》みどろになって死《し》んじゃったらしいんだ。それからは夕暮《ゆうぐ》れになると、青《あお》いはずのジャングルジムが真《ま》っ赤《か》になって、近《ちか》づいてみたら血《ち》でベトベトにぬれていることがあるんだって。その話《はなし》を聞《き》いたら、結構《けっこう》こわくなっちゃってさ。だってオレ、塾《じゅく》の帰《かえ》りにいつも近道《ちかみち》でグラウンドを横切《よこぎ》っているんだけど、そのときにジャングルジムのわきを通《とお》りぬけていたから……。

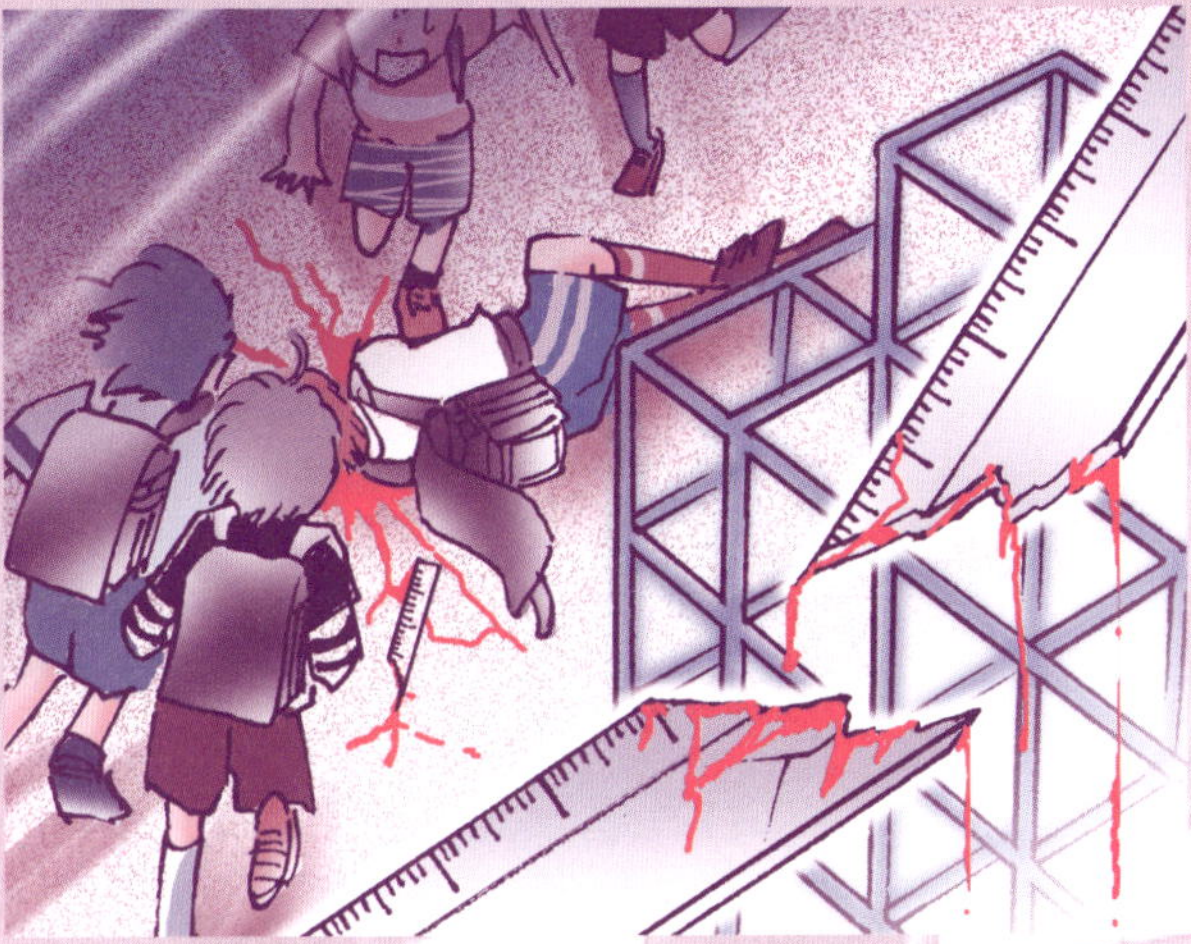

その日《ひ》も塾《じゅく》があったんだ。でも、ジャングルジムの横《よこ》で血《ち》まみれになって倒《たお》れている男《おとこ》の子《こ》の姿《すがた》を想《そう》像《ぞう》すると、勉強《べんきょう》なんか全然《ぜんぜん》手《て》に付《つ》かなかったよ。

　しかも運悪《うんわる》く塾《じゅく》の時間《じかん》が長《なが》びいて、帰《かえ》りが夕方《ゆうがた》になっちゃってさ。別《べつ》のルートで帰《かえ》ろうと思《おも》ったんだけど、急《いそ》がないと暗《くら》くなるから、いつも通《どお》りグラウンドを横切《よこぎ》って帰《かえ》ることにしたんだ。

　そして、グラウンドに行《い》ったとき、オレはビックリした。だって、ジャングルジムは本当《ほんとう》に赤《あか》い色《いろ》をしていたんだ。でもよく見《み》ると、それはただ夕日《ゆうひ》に染《そ》まっているだけだった。
(なんだ、そういうことだったのか)

ホッとしたオレは、ジャングルジムをさわってみた。そうしたら、変《へん》な感《かん》触《しょく》があったので手《て》のひらを見《み》ると、ベットリと血《ち》が付《つ》いていたんだ。しかも気《き》が付《つ》くと、ジャングルジムはいつの間《ま》にか血《ち》まみれになってたんだ……。

ビックリしたオレは家《いえ》に帰《かえ》ろうとしたんだけど、突然《とつぜん》、うめき声《ごえ》が聞《き》こえてきた。あわててそっちを見《み》ると、地面《じめん》に血《ち》だらけの男《おとこ》の子《こ》が倒《たお》れていたんだ。男《おとこ》の子《こ》はピクピク動《うご》きながら「痛《いた》いよぉ、助《たす》けて、助《たす》けて……」って。そして、男《おとこ》の子《こ》の手《て》がこっちにのびてきて、オレのズボンのすそをつかもうとするから、オレはあわてて家《いえ》へ逃《に》げ帰《かえ》った。それから必死《ひっし》で手《て》をあらったよ。何回《なんかい》も何回《なんかい》も、手《て》のひらがヒリヒリするまであらいまくったんだ。

手《て》はきれいになったけど、あのドロッとした感触《かんしょく》だけは、今《いま》でも手《て》のひらに残《のこ》っている。そして、ジャングルジムの近《ちか》くを通《とお》るたび、「痛《いた》いよぉ、助《たす》けて……」っていう男《おとこ》の子《こ》の声《こえ》が聞《き》こえてくるような気《き》がするんだ。

ぶきみな転校生《てんこうせい》

マツオDX《デラックス》（広島県《ひろしまけん》）

卒業式《そつぎょうしき》が間近《まぢか》にせまった2月《がつ》、ボクのクラスに一人《ひとり》の男《おとこ》の子《こ》が転校《てんこう》してきました。Fくんという名前《なまえ》で、ぶきみな雰囲気《ふんいき》の子《こ》でした。

そして、Fくんが転校《てんこう》してきてから、学校《がっこう》ではおかしなことがいっぱい起《お》こるようになりました。授業中《じゅぎょうちゅう》にパキパキという変《へん》な音《おと》が鳴《な》りひびいたり、天井《てんじょう》に人《ひと》の顔《かお》の形《かたち》をしたシミがうかびあがったり……。

こんなこともありました。授業中《じゅぎょうちゅう》、女《おんな》の子《こ》の泣《な》き声《ごえ》が聞《き》こえてきたので、女子《じょし》のだれかが泣《な》いているのかと思《おも》って教室《きょうしつ》のなかを見《み》まわしてみたんですけど、だれも泣《な》いていなかったんです。それで、「これはだれの声《こえ》なんだろう」ってみんなザワザワして、先生《せんせい》まで不安《ふあん》そうな顔《かお》をしていました。

体育《たいいく》で飛《と》び箱《ばこ》の授業《じゅぎょう》があったときには、友《とも》だちが飛《と》んだとたん、飛《と》び箱《ばこ》がくずれるなんてこともありました。そのころからだと思《おも》うんですけど、Fくんについての奇妙《きみょう》なうわさが流《なが》れるようになったんです。

うわさというのは、Fくんのカバンのことなんです。Fくんがカバンを動《うご》かすたびに、いつもカサカサというかわいた音《おと》が聞《き》こえていて、なかに何《なに》が入《はい》っているのか、みんな気《き》になっていたんです。

あるとき、Fくんがカバンを開《あ》けるところをたまたま見《み》ていた人《ひと》がいて、その人《ひと》の話《はなし》だと、カバンのなかにはたくさんの虫《むし》の死《し》がいが入《はい》っていたらしいんです。このうわさはすぐに学校中《がっこうじゅう》に広《ひろ》まりました。

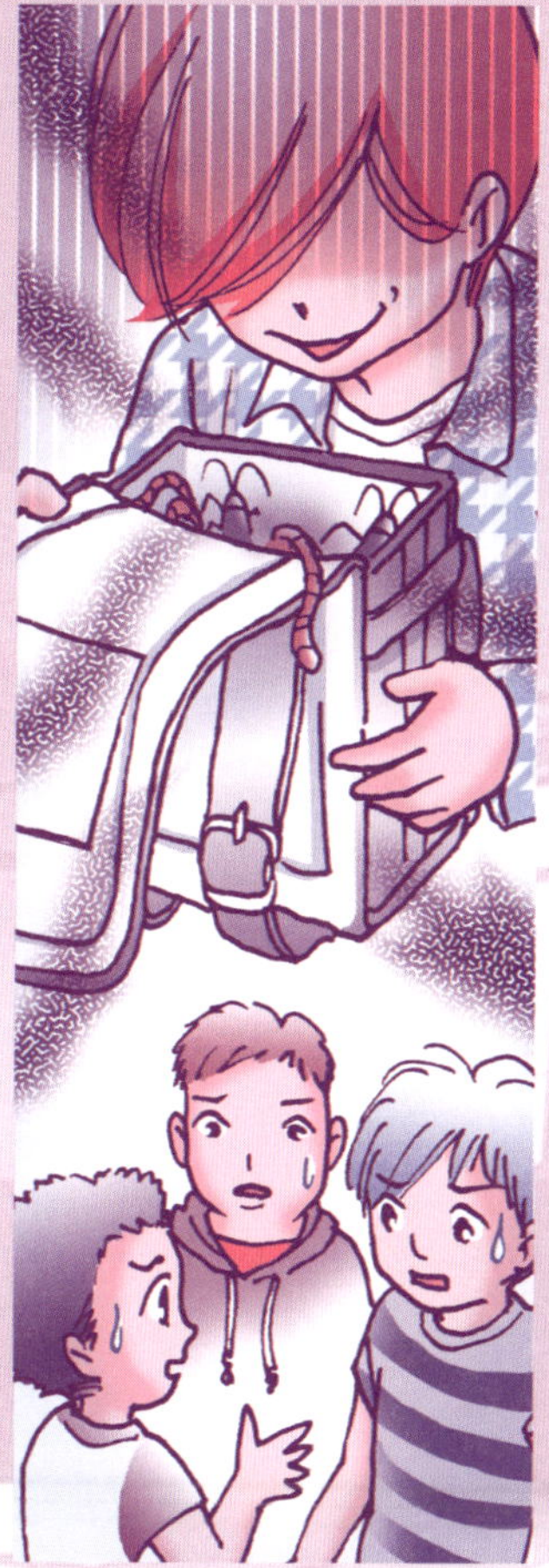

そして、卒業式《そつぎょうしき》の前《まえ》の日《ひ》、ほかのクラスの男《おとこ》の子《こ》数人《すうにん》が、Fくんの正体《しょうたい》をつきとめてやると言《い》って、下校《げこう》するFくんのあとをつけたんです。Fくんは人気《ひとけ》のない住宅街《じゅうたくがい》をぬけて裏山《うらやま》の小道《こみち》に入《はい》っていったそうです。小道《こみち》はうす暗《ぐら》くて、あちこちにネズミやカエルの死《し》がいが転《ころ》がっていたとか。それでこわくなった男《おとこ》の子《こ》たちが引《ひ》き返《かえ》そうとしたとき、Fくんが突然《とつぜん》立《た》ち止《ど》まって、男《おとこ》の子《こ》たちのほうをにらみつけてきたらしいんです。

男《おとこ》の子《こ》たちがおどろいていると、Fくんは「おまえたちも虫《むし》にするぞ」って言《い》って、目《め》を赤《あか》く光《ひか》らせながらせまってきたそうです。男《おとこ》の子《こ》たちは先《さき》をあらそって逃《に》げ帰《かえ》ってきたって言《い》ってました。

翌日《よくじつ》の卒業式《そつぎょうしき》、Fくんは学校《がっこう》に来《き》ませんでした。先生《せんせい》の話《はなし》だと、急《きゅう》に外国《がいこく》へひっこしてしまったそうです。でも、ボクはまだFくんがすぐそばに隠《かく》れているような気《き》がします。小学校《しょうがっこう》を卒業《そつぎょう》してしばらくすると、連《れん》らくの取《と》れなくなる友《とも》だちがいますけど、そんなときは〝もしかするとFくんに虫《むし》にされてしまったのかもしれない……〟と、とてもこわくなります。

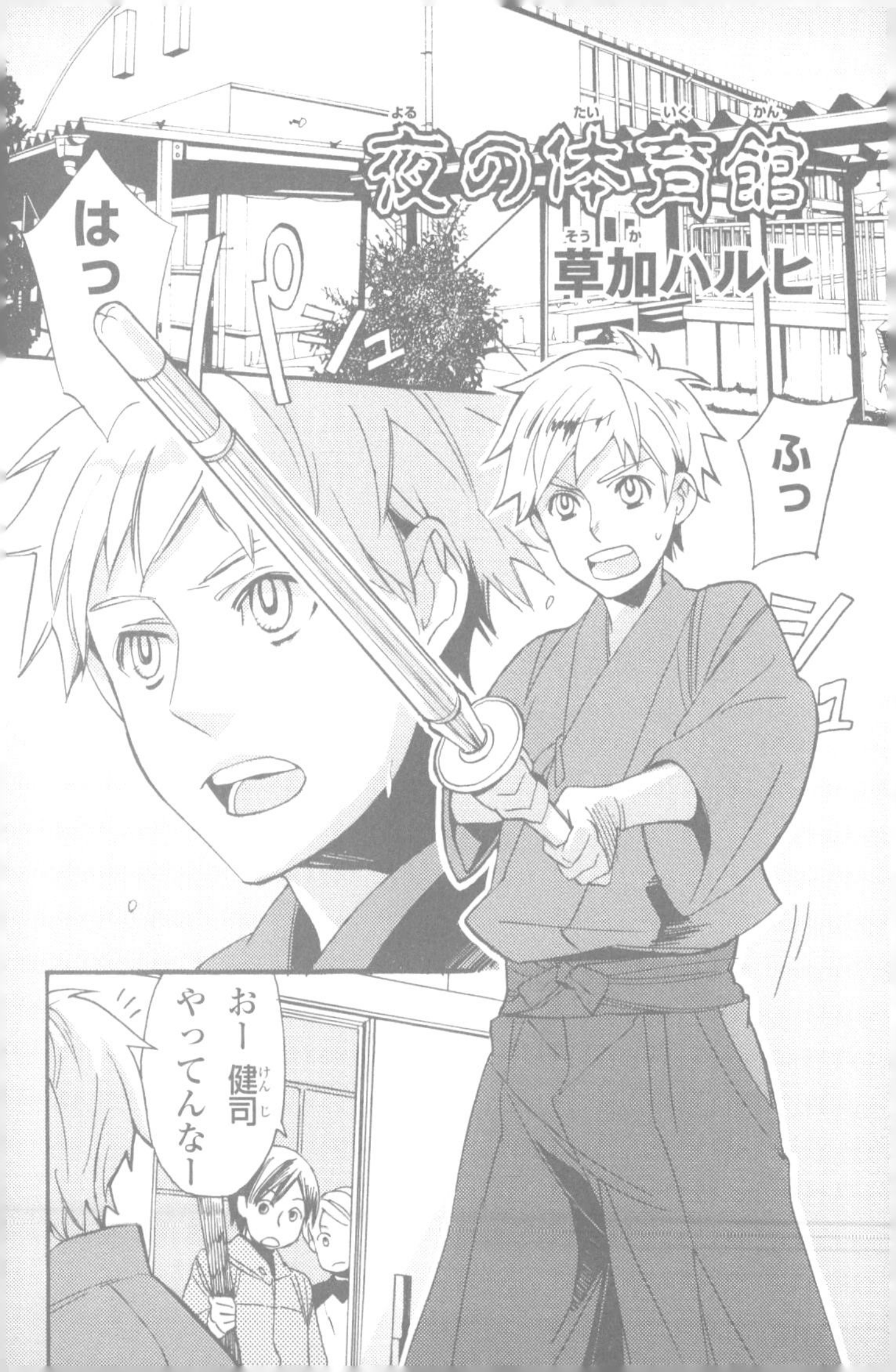
夜《よる》の体《たい》育《いく》館《かん》
草《そう》加《か》ハルヒ
ふっ
はっ
おー健司《けんじ》
やってんなー

また居残《いのこ》りでふってんのかよ先帰《さきかえ》るぞ
あ……うん
次《つぎ》の大会《たいかい》期待《きたい》してっからがんばれよな
ばしっ
わっ
う――っ
ボクの名前《なまえ》は山本《やまもと》健司《けんじ》
次《つぎ》の団体戦《だんたいせん》でレギュラー入《い》りできたのはいいのだけど
またチコクか！
レギュラーの自覚はあるのか？
ガミ
素振りお前だけ追加だ
ガミ
すみません
分《わ》かってるよ
帰《かえ》れ！
じゃあな
っ

シュッ
シュッ
おかげで練習《れんしゅう》がとても厳《きび》しくなって…
ぴたっ
毎日《まいにち》
毎日《まいにち》…
勝《か》つことばかり考《かんが》えて……
剣道《けんどう》…辞《や》めようかな
ガコン…
あいつらきちんとしめていけよ——

ガッ
待《ま》……て
わっ

わ…たし……
あああ
ばっ
あああ

ガラン
来《く》るなあっ
ドッ
スゥ…
これ…
ひっ
ッ
竹《し》…刀《ない》…
スッ

いやだっ
ぱしっ
カラン
…竹刀《しない》
大《たい》…切《せつ》…な

そんなのいらない
消《き》えろよ
もう
いやだ
お前《まえ》なんか
剣道《けんどう》と
いっしょに
消《き》えれば
いいんだ！
そ…んなこと
言《い》わないで
はぁ…
はぁ

好《す》きなんでしょ
好《す》きだから剣道《けんどう》してるんでしょう?
私《わたし》だってもっと
剣道《けんどう》していたかった……

ガコ・・・
おーーなんだ 山本《やまもと》まだ 残《のこ》ってたのか
先《せん》…生《せい》…
早《はや》く帰《かえ》れー 外《そと》暗《くら》くなってるぞ
ああの 女《おんな》の子《こ》が
どうした?

ほら早《はや》く出《で》ろーカギしめるぞ
あとで先生《せんせい》から聞《き》いた昔《むかし》まだ体育館《たいいくかん》が講堂《こうどう》だったころ
ギュ…
剣道《けんどう》のうでがとてもいい女《おんな》の子《こ》がいて
パン
初《はじ》めて出《で》る大会《たいかい》を目《め》の前《まえ》にして事故《じこ》にあいなくなったらしい
パーン
ボクはあの子《こ》に伝《つた》えなければならない

一本《いっぽん》
パァーン
ボク 山本《やまもと》健司《けんじ》は
剣道《けんどう》が大好《だいす》きです
そして
ありがとう
優勝
山本健司

理科室《りかしつ》の怪《かい》

ミナミナミ（山形県《やまがたけん》）

私《わたし》たちの学校《がっこう》の理科室《りかしつ》は少《すこ》し前《まえ》に改装《かいそう》されたばかりなんです。改装《かいそう》される前《まえ》の理科室《りかしつ》には、こわいうわさがたくさんありました。

放課後《ほうかご》、女《おんな》の子《こ》が理科室《りかしつ》に忘《わす》れ物《もの》を取《と》りにいったときのことなんですけど、理科準備室《りかじゅんびしつ》から物音《ものおと》がするから、だれかいるのかと思《おも》ってのぞいてみると、だれもいなかったんです。でも、しばらくすると、また物音《ものおと》が聞《き》こえてきて……。おかしいと思《おも》った女《おんな》の子《こ》がもう一回《いっかい》だけ理科準備室《りかじゅんびしつ》のなかを見《み》てみたら、ホルマリン漬《づ》けのカエルがびんのなかで暴《あば》れていたそうです。

ほかにも〝4番目《ばんめ》の窓《まど》ガラス〟の話《はなし》とか有名《ゆうめい》です。夜中《よなか》に理科室《りかしつ》の左《ひだり》から4番目《ばんめ》の窓《まど》ガラスを見《み》ると、霊《れい》の顔《かお》が見《み》えるそうです。うちのクラスの男子《だんし》が夏《なつ》に学校《がっこう》できもだめしをやって試《ため》してみたら、本当《ほんとう》に血《ち》だらけの女《おんな》の子《こ》の顔《かお》が見《み》えたらしいんです。ガラスにうつるのは、昔《むかし》、理科《りか》の実験《じっけん》をしているとき、顔《かお》に大《おお》やけどをしてなくなった女《おんな》の子《こ》の霊《れい》だと言《い》われてます。

実《じつ》は私《わたし》も理科室《りかしつ》でこわい体験《たいけん》をしたことがあるんです。休《やす》み時間《じかん》にかくれんぼをしていたときのことなんですけど、私《わたし》はだれもいない理科室《りかしつ》に入《はい》って隠《かく》れる場所《ばしょ》を探《さが》していました。そのとき突然《とつぜん》だれかに肩《かた》をたたかれたんです。オニに見《み》つかっちゃったのかと思《おも》ってふりむくと、そこに立《た》っていたのは骨格模型《こっかくもけい》だったんです。

私《わたし》は声《こえ》も出《だ》せないくらいビックリして、何度《なんど》も転《ころ》びながらあわてて理科室《りかしつ》から逃《に》げ出《だ》しました。

それから何日《なんにち》かして、アルコー

ルランプでフラスコを温《あたた》めるっていう理科《りか》の実験《じっけん》がありました。そのとき、いきなり全部《ぜんぶ》のフラスコがものすごい音《おと》を立《た》てて割《わ》れたんです。みんなおどろいて大《おお》さわぎだったんですけど、私《わたし》は動《うご》けませんでした。だって、教室《きょうしつ》のすみにある骨格模型《こっかくもけい》がじっと私《わたし》のほうを見《み》ているような気《き》がして、こわかったから……。

改装《かいそう》されたあとの理科室《りかしつ》では何《なに》も起《お》こっていないようですが、そのうちまた何《なに》か起《お》きるかもしれないとドキドキしています。

グラウンドを横切《よこぎ》る人影《ひとかげ》

ハルクマニア（千葉県《ちばけん》）

みんなとドッジボールをして遊《あそ》んだ帰《かえ》り、ボクはグラウンドに習字《しゅうじ》セットを忘《わす》れたのを思《おも》い出《だ》し、取《と》りにもどったんです。もう暗《くら》かったから、グラウンドにはだれもいませんでした。ボクは置《お》きっぱなしにしていた習字《しゅうじ》セットを見《み》つけると、早《はや》く帰《かえ》ろうと思《おも》って校門《こうもん》に向《む》かって歩《ある》き出《だ》しました。

そのときです。グラウンドの暗《くら》い場所《ばしょ》のほうから低《ひく》いうめき声《こえ》が聞《き》こえてきたんです。しかも一人《ひとり》や二人《ふたり》じゃなく、もっとたくさんの人《ひと》の声《こえ》でした。

それが少《すこ》しずつ、少《すこ》しずつ、近付《ちかづ》いてきたんです。

（だれだろう？　どこから聞《き》こえてくるんだろう？）

ボクはおそろしくて固《かた》まってしまいました。

うめき声《こえ》がだんだん大《おお》きくなってきたと思《おも》ったら、くらやみのなかに、白《しろ》い人影《ひとかげ》がたくさん見《み》えてきました。そして、白《しろ》い人影《ひとかげ》はおそろしいうめき声《ごえ》をもらしながら、次々《つぎつぎ》とグラウンドを横切《よこぎ》っていったんです。

ボクはすごくビックリして、白《しろ》い人影《ひとかげ》に見《み》つからないよう、急《いそ》いで植《う》えこみの陰《かげ》に隠《かく》れました。

本当《ほんとう》はすぐにでも走《はし》って帰《かえ》りたかったんです。でも、植《う》えこみの陰《かげ》から飛《と》び出《だ》したとたん、白《しろ》い人《ひと》影《かげ》に気付《きづ》かれてしまいそうだったから、がまんしました。

しばらくそうしていると、白《しろ》い人影《ひとかげ》はグラウンドのはしまで行《い》ってスッと消《き》えていったんです。ボクは音《おと》を立《た》てないようにしながら、全部《ぜんぶ》の人影《ひとかげ》が消《き》えるのをじっと待《ま》っているしかありませんでした。

人影《ひとかげ》が全部《ぜんぶ》いなくなると、ボクは家《いえ》まで全力《ぜんりょく》で走《はし》りました。学校《がっこう》からはなれても、人影《ひとかげ》が追《お》いかけてくるような気《き》がして背中《せなか》がゾクゾクしました。

次《つぎ》の日《ひ》、いつもいっしょに学校《がっこう》に行《い》っているＦくんに、白《しろ》い人影《ひとかげ》のことを話《はな》しました。そうしたら、Ｆくんはこんなうわさを教《おし》えてくれたんです。

昔《むかし》、ボクたちの学校《がっこう》のすぐとなりには、墓地《ぼち》があったそうです。その墓地《ぼち》には一《ひと》つふしぎなことがあって、だれも新《あたら》しくお墓《はか》を建《た》てていないのに、自《し》然《ぜん》とお墓《はか》の数《かず》が増《ふ》えることがあったらしいんです。

Ｆくんが言《い》うには、墓地《ぼち》に住《す》みついた霊《れい》たちがお墓《はか》を増《ふ》やしていたそうです。霊《れい》たちは、まだ生《い》きている人間《にんげん》のお墓《はか》を先《さき》に作《つく》っておいてから、その人《ひと》をむかえにいったといいます。白《しろ》い人影《ひとかげ》は、霊《れい》たちが目的《もくてき》の人間《にんげん》を探《さが》しまわっている姿《すがた》だと言《い》われているようです。

学校《がっこう》に着《つ》くとボクは、Ｆくんをさそって人影《ひとかげ》が消《き》えたあたりに行《い》ってみました。Ｆくんがいっしょならこわくないと思《おも》ったんです。そこには草《くさ》がからみついたさくがあって、その向《む》こうに墓地《ぼち》が見《み》えました。

でもFくんには墓地《ぼち》が見《み》えないらしいんです。Fくんは「墓地《ぼち》があったのは昔《むかし》のことだよ」と言《い》って去《さ》っていきました。

どうしてボクにしか墓地《ぼち》が見《み》えないのかふしぎです。もしかすると、霊《れい》にお墓《はか》を作《つく》られた人《ひと》にしか見《み》えないのでしょうか。だとしたら昨日《きのう》の白《しろ》い人影《ひとかげ》は、ボクのことを探《さが》していたのでしょうか。だれか教《おし》えてください。

ヤツらがまたそのうちボクを探《さが》しに来《く》るかもしれないと思《おも》うと、こわくてたまりません。

スピーカーから流《なが》れる奇妙《きみょう》な音《おと》……

燃《も》える男《おとこ》（東京都《とうきょうと》）

ボクたちの学校《がっこう》は放課後《ほうかご》になったら、スピーカーから音楽《おんがく》が流《なが》れます。

いつもは昔《むかし》の人《ひと》のクラシック音楽《おんがく》が流《なが》れますけど、一度《いちど》だけとてもこわい音《おと》が聞《き》こえてきたことがあります。放課後《ほうかご》、Uさんたちと教室《きょうしつ》に残《のこ》って遊《あそ》んでいたら、突然《とつぜん》スピーカーから大《おお》きな音《おと》が鳴《な》ったんです。サイレンみたいな音《おと》だったから、ボクはひなん訓練《くんれん》かと思《おも》ったけど、違《ちが》いました。サイレンの音《おと》といっしょに、たくさんの子《こ》どもたちの悲鳴《ひめい》も聞《き》こえてきたんです。子《こ》どもたちは「助《たす》けて」とか「こわいよ」とか「お母《かあ》さん」と言《い》って泣《な》いていました。ボクはこわかったから、耳《みみ》をおさえて聞《き》こえないようにしました。でも大《おお》きな悲鳴《ひめい》だったので、おさえてもおさえてもハッキリ聞《き》こえてきました。

Uさんは泣《な》いていて、ボクも泣《な》きそうでした。

音《おと》が終《お》わったとき、ちょうど先生《せんせい》が教室《きょうしつ》に入《はい》ってきたので、ボクはサイレンや悲鳴《ひめい》のことを話《はな》しました。でも先生《せんせい》には聞《き》こえていなかったみたいです。

どうして先生《せんせい》には聞《き》こえなかったのか分《わ》かりません。ふしぎだったので、ボクは帰《かえ》ってすぐおばあちゃんにこの話《はなし》をしました。

おばあちゃんは「今日《きょう》は、戦争《せんそう》中《ちゅう》に飛行機《ひこうき》から爆弾《ばくだん》がたくさん落《お》とされて大勢《おおぜい》の人《ひと》がなくなった日《ひ》だよ」と教《おし》えてくれました。

もしかしたらその子《こ》どもたちは、ボクたちに何《なに》か伝《つた》えたかったのかなぁと思《おも》いました。もし、そうだとしたら来年《らいねん》も爆弾《ばくだん》が落《お》とされた日《ひ》に、スピーカーからこわい音《おと》が聞《き》こえてくるかもしれません。

消《き》えない柱《はしら》の手形《てがた》

さっちゃん（佐賀県《さがけん》）

私《わたし》が卒業《そつぎょう》するころまで、小学校《しょうがっこう》にはまだ古《ふる》い校舎《こうしゃ》が残《のこ》っていました。ある日《ひ》の図工《ずこう》の授業《じゅぎょう》のとき、私《わたし》は一番乗《いちばんの》りで旧校舎《きゅうこうしゃ》の図工室《ずこうしつ》に行《い》ったんです。図工室《ずこうしつ》のかべには、前《まえ》の授業《じゅぎょう》で作《つく》ったクラスのみんなの版画《はんが》がはられていました。みんなが来《く》るまでの間《あいだ》、私《わたし》はなんとなくそれをながめていたんです。すると、図工室《ずこうしつ》のすみにあるコンクリートの柱《はしら》に、見《み》たことのないシミのようなものがたくさんあることに気付《きづ》きました。

よく見《み》るとそれは手形《てがた》のようでした。それも小《ちい》さな子《こ》どもの手形《てがた》です。でも、その手形《てがた》のある場所《ばしょ》というのが柱《はしら》のとても高《たか》いところで、ほとんど天井《てんじょう》の近《ちか》くだったんです。大人《おとな》でも机《つくえ》の上《うえ》に乗《の》らないととどかない場所《ばしょ》です。

（どうしてあんなところに子《こ》どもの手形《てがた》が、それもたくさんあるんだろう？）

私《わたし》は気味《きみ》が悪《わる》くなりました。しかも、その手形《てがた》は赤黒《あかぐろ》くくすんでいて、まるで血《ち》がかわいたような色《いろ》をしていました。

　ふしぎな手形《てがた》のことは、あっという間《ま》にみんなに広《ひろ》まりました。学校中《がっこうじゅう》のうわさになったので先生《せんせい》もすぐに気《き》が付《つ》いて、手形《てがた》をきれいにふきとってくれました。
　でも何日《なんにち》かすると、また少《すこ》しずつ手形《てがた》がうかびあがってきたんです。1週間《しゅうかん》が過《す》ぎたころには、すっかり元通《もとどお》りになっていました。
　そこで先生《せんせい》は業者《ぎょうしゃ》に頼《たの》んで柱《はしら》をぬりかえてもらいました。すると柱《はしら》は新品《しんぴん》みたいにピカピカになったので、これでもう手形《てがた》は出《で》てこないと思《おも》って私《わたし》も安心《あんしん》しました。

それからすぐ、学校《がっこう》は夏休《なつやす》みに入《はい》りました。そのころから、私《わたし》はとてもこわい夢《ゆめ》を見《み》るようになったんです。暑《あつ》い夜《よる》はよく布団《ふとん》から足《あし》を出《だ》してねていたんですが、その足《あし》を血《ち》まみれの小《ちい》さな手《て》でつかまれるという夢《ゆめ》です。実際《じっさい》に体《からだ》をひっぱられているような気《き》がして、夜中《よなか》に何度《なんど》も目《め》がさめました。

そんな日《ひ》が続《つづ》いて、8月《がつ》15日《にち》の終戦記念日《しゅうせんきねんび》になりました。この日《ひ》は登校日《とうこうび》だったので、ひさしぶりに学校《がっこう》に行《い》ったんです。私《わたし》は手形《てがた》のことがどうしても気《き》になったので、友《とも》だちのSちゃんといっしょに旧校舎《きゅうこうしゃ》まで見《み》に行《い》きました。すると柱《はしら》の上《うえ》のほうに小《ちい》さな手形《てがた》がハッキリと出《で》ていたんです！　私《わたし》とSちゃんは大《おお》あわてで旧校舎《きゅうこうしゃ》から逃《に》げ出《だ》しました。

手形《てがた》が出《で》たことを先生《せんせい》に言《い》うと、先生《せんせい》ははり紙《がみ》をして隠《かく》してくれました。そのはり紙《がみ》は、私《わたし》が卒業《そつぎょう》するまでそのままでした。このさわぎが原因《げんいん》かどうかは分《わ》かりませんが、私《わたし》が卒業《そつぎょう》してまもなく、旧校舎《きゅうこうしゃ》が取《と》りこわされたんです。あとから聞《き》いた話《はなし》では、旧校舎《きゅうこうしゃ》のあった場所《ばしょ》には昔《むかし》、病気《びょうき》や事故《じこ》でなくなった小《ちい》さな子《こ》どもたちを供養《くよう》するための石碑《せきひ》が建《た》っていたそうです。

ろうかに現《あらわ》れた看護師《かんごし》

ポチロー（沖縄県《おきなわけん》）

これは野球部《やきゅうぶ》の合宿《がっしゅく》で学校《がっこう》にとまったときの話《はなし》です。

ボクはコーチやほかの部員《ぶいん》といっしょに体育館《たいいくかん》でねていました。でも、おしっこがしたくなって真夜中《まよなか》に起《お》きたのです。夜《よる》の学校《がっこう》は暗《くら》くて静《しず》かで、とてもこわかったのですが、ボクは勇気《ゆうき》を出《だ》して一人《ひとり》でトイレに行《い》きました。

トイレでおしっこをすませたあと、洗面所《せんめんじょ》で手《て》をあらっていると、ろうかからかすかな物音《ものおと》が聞《き》こえてきたのです。ボクは水《みず》を止《と》めて耳《みみ》をすましました。それはカチャカチャと金属《きんぞく》がぶつかるような音《おと》でした。

ボクはトイレの入《い》り口《ぐち》から顔《かお》を出《だ》し、非常口《ひじょうぐち》のランプでうす暗《ぐら》く光《ひか》ったろうかをおそるおそるのぞいてみました。そのときちょうど、ろうかの向《む》こう側《がわ》の角《かど》から、白《しろ》い服《ふく》を着《き》た女《おんな》の人《ひと》が姿《すがた》を現《あらわ》したのです。よく見《み》ると病院《びょういん》の看《かん》護師《ごし》のようでした。看護師《かんごし》は何《なに》か機材《きざい》のようなものを運《はこ》んでいるところらしく、どんどんこちらに近付《ちかづ》いてきました。

ボクはおそろしくなり、あわててトイレの個《こ》室《しつ》にかけこんでドアをしめました。そのとき、バタン！　という大《おお》きな音《おと》を立《た》ててしまったのです。
（トイレに隠《かく》れているのがバレたかも！）
ボクは急《いそ》いでドアにカギをかけようとしたのですが、手《て》がふるえてうまくいきません。そうしている間《あいだ》にも、カチャカチャという音《おと》は近《ちか》付《づ》いてきていました。ようやくカギをかけたあと、ボクは個《こ》室《しつ》のなかで息《いき》をひそめて、外《そと》

の様子《ようす》をうかがいました。ろうかから聞《き》こえてくるカチャカチャという音《おと》は、トイレの前《まえ》で止《と》まりました。ボクはトイレに入《はい》ってきたらどうしよう！　とあせりましたが、しばらくすると音《おと》は遠《とお》のいていきました。どうやら看護師《かんごし》はトイレの前《まえ》を通《とお》り過《す》ぎていったようだったので、ボクは安心《あんしん》しました。そのとき、気配《けはい》を感《かん》じてふと天井《てんじょう》のほうを見《み》たんです。すると、そこにはトイレのドアの上《うえ》からじっとこちらを見《み》つめる看護師《かんごし》の姿《すがた》があったんです!!

あまりにビックリしてボクはそのまま気絶《きぜつ》してしまいました。そして朝《あさ》になってから、トイレで倒《たお》れているところをコーチに発見《はっけん》されたのです。そのとき、看護師《かんごし》の姿《すがた》はもうどこにもありませんでした。

ボクはコーチにすべてを話《はな》しました。するとコーチは「戦争中《せんそうちゅう》、この学校《がっこう》は軍《ぐん》の病院《びょういん》として使《つか》われていたので、それと関係《かんけい》があるのかもしれない」と言《い》っていました。みなさんも放課後《ほうかご》、だれもいないろうかでふしぎな物音《ものおと》を聞《き》いたことはありませんか？　そういうときは、ろうかの向《む》こう側《がわ》の角《かど》を見《み》ていてください。幽霊看護師《ゆうれいかんごし》が曲《ま》がってくるかもしれませんよ。

全国各地《ぜんこくかくち》の七不思議《ななふしぎ》が大集合《だいしゅうごう》！

オラが学校《がっこう》の七不思議《ななふしぎ》発表会《はっぴょうかい》 一《いち》

岩手県《いわてけん》
J小学校《しょうがっこう》
ポートレート

1 二宮金次郎《にのみやきんじろう》のまきの数《かず》が数《かぞ》えるたびに変《か》わる。

2 奥《おく》から3番目《ばんめ》にあるトイレを午前《ごぜん》3時《じ》33分《ぷん》に3回《かい》ノックすると、花子《はなこ》さんが出《で》る。

3 音楽室《おんがくしつ》にあるベートーベンの絵《え》とにらめっこをして、すごくおもしろい表情《ひょうじょう》を見《み》せられれば、ベートーベンの笑《わら》った顔《かお》が見《み》られる。

4 中庭《なかにわ》の池《いけ》には宝物《たからもの》が隠《かく》されているが、それを探《さが》す目的《もくてき》で池《いけ》に入《はい》ると、おぼれ死《し》んでしまう。

5 家庭科室《かていかしつ》の包丁《ほうちょう》のなかには、人斬《ひとき》り包丁《ぼうちょう》とよばれるものがある。その包丁《ほうちょう》はどんなにものを切《き》っても、けして切《き》れ味《あじ》が悪《わる》くならない。

6 体育倉庫《たいいくそうこ》に赤《あか》ちゃんの霊《れい》が現《あらわ》れ、泣《な》き続《つづ》ける。

7 夜《よる》、校舎《こうしゃ》にいると、屋上《おくじょう》から自殺《じさつ》した人《ひと》の霊《れい》がふってくることがある。

第三章《だいさんしょう》

海《うみ》や山《やま》で……
大《だい》自《し》然《ぜん》怪《かい》談《だん》

自然《しぜん》のなかにも、霊《れい》はたくさんいる。夏休《なつやす》み、森《もり》や川《かわ》に遊《あそ》びに行《い》くときは、キミも注意《ちゅうい》しないと……。

滝《たき》つぼからのびていたもの

ハイパー（三重県《みえけん》）

これは去年《きょねん》の夏休《なつやす》みにオレと弟《おとうと》が二人《ふたり》で、田舎《いなか》に住《す》んでいるいとこの家《いえ》へとまりに行《い》ったときの話《はなし》。そのいとこの家《いえ》のすぐ裏《うら》は山《やま》になっていてさ、いとこが「山《やま》のおくに滝《たき》があるから、そこで遊《あそ》ぼう」って言《い》うから、オレたち三人《さんにん》は使《つか》い捨《す》てのカメラを持《も》って山《やま》のなかへ出《で》かけたんだ。

オレといとこは泳《およ》ぎが得意《とくい》だったから、滝《たき》で思《おも》いっきり遊《あそ》んだんだ。いろんなポーズをとりながらガケの上《うえ》から滝《たき》つぼにジャンプして、それをカメラでとったりしてさ。そうしたら、それを見《み》てた弟《おとうと》が「ボクもガケから飛《と》びこんでみたい」って言《い》い出《だ》したんだ。でも、弟《おとうと》は泳《およ》ぎが下手《へた》だったから、オレといとこは「まだ小《ちい》さいから無理《むり》だ」って言《い》って止《と》めたんだ。それでも弟《おとうと》がしつこく言《い》ってくるもんだから、仕方《しかた》なく1回《かい》だけ飛《と》ばせてやることにした。滝《たき》つぼはあんまり深《ふか》くなかったから、まあだいじょうぶだろうと思《おも》って。でも、あんなことになるんなら、無理《むり》にでも止《と》めておけばよかった……。

オレがカメラをかまえて「いいぞ！」と合図《あいず》すると、弟《おとうと》はガケの上《うえ》から鼻《はな》をつまんでジャンプした。弟《おとうと》は水《みず》しぶきをあげて水面《すいめん》の下《した》に消《き》えたんだけど、それっきり姿《すがた》が見《み》えなくなって……。

(何《なに》かあったのか!?)

そう思《おも》ったとき、弟《おとうと》がやっと水面《すいめん》に顔《かお》を出《だ》したんだ。でも、完全《かんぜん》には出《で》てこられなくて、もがいているみたいだったから、オレといとこは急《いそ》いで水《みず》に飛《と》びこんで、二人《ふたり》がかりで弟《おとうと》を助《たす》けたんだ。

水《みず》から上《あ》がったら弟《おとうと》が、「だれ

かに足《あし》をひっぱられた」って言《い》って泣《な》き出《だ》したから、オレは滝《たき》つぼをのぞいて見《み》たんだ。でも、だれかが隠《かく》れている感《かん》じはしなかった。だから、このときは弟《おとうと》の気《き》のせいだろうと思《おも》っていた。

それから何日《なんにち》かしてオレたちが帰《かえ》ろうとしたとき、ちょうど写真《しゃしん》ができたっていうから見《み》せてもらったんだ。オレやいとこがポーズを決《き》めながら滝《たき》つぼに飛《と》びこんでる写真《しゃしん》にまじって、弟《おとうと》の写真《しゃしん》もあったんだけど、オレ、それを見《み》てビックリしちゃった。だって、

弟《おとうと》に向《む》かって滝《たき》つぼからたくさんの白《しろ》い手《て》がのびていたから……。

弟《おとうと》が言《い》ってたのは、この手《て》のことだったって分《わ》かって、ガタガタふるえちゃった。そのあと、いとこの家《いえ》のおじいちゃんに写真《しゃしん》を見《み》せたら、あの滝《たき》ではたまに身《み》を投《な》げて死《し》ぬ人《ひと》がいるって教《おし》えてくれたんだ。滝《たき》つぼにいる霊《れい》は、体《からだ》の小《ちい》さな弟《おとうと》を死者《ししゃ》の世界《せかい》にひきこもうとしていたのかもしれない……。

オレたちはこわくなっちゃって、写真《しゃしん》をおじいちゃんに供養《くよう》してもらってから、焼《や》き捨《す》てたんだ。

どこから聞《き》こえてくる笑《わら》い声《ごえ》

ギョタク（長野県《ながのけん》）

夏休《なつやす》みに、お父《とう》さんやお母《かあ》さんと遠《とお》くのダムへキャンプに行《い》きました。仲《なか》のいい友《とも》だちや、友《とも》だちのお父《とう》さんやお母《かあ》さんもいっしょでした。

キャンプの一番《いちばん》の楽《たの》しみは、バス釣《づ》りです。

少《すこ》しでも長《なが》い時間《じかん》、釣《つ》りを楽《たの》しみたかったボクは、2日目《かめ》の朝《あさ》、まだ暗《くら》いうちから一人《ひとり》で起《お》き出《だ》して、ダムのほとりに向《む》かいました。

ダムの水面《すいめん》に糸《いと》をたらしていると、どこかから子《こ》どもの笑《わら》い声《ごえ》が聞《き》こえたような気《き》がしました。ボクはこんなに朝早《あさはや》くから起《お》きている子《こ》どもがほかにもいるんだと思《おも》ってあたりを見《み》まわしたのですが、だれもいません。

耳《みみ》をすましてみても、もう声《こえ》は聞《き》こえませんでした。

（気《き》のせいかな……）

そう思《おも》って、ボクは釣《つ》りに集中《しゅうちゅう》しました。すると、しばらくしてまた笑《わら》い声《こえ》が聞《き》こえてきたんです。今度《こんど》はさっきよりもハッキリと聞《き》こえました。

しかも一人《ひとり》ではなく、何人《なんにん》かの子《こ》どもが笑《わら》っているようでした。

ボクはいっしょにキャンプに来《き》ている友《とも》だちも朝釣《あさづ》りに来《き》ているのかと思《おも》って探《さが》してみたのですが、だれの姿《すがた》も見《み》あたりません。

「アハハハハハ……」

気味《きみ》の悪《わる》い笑《わら》い声《こえ》は、だれもいないダムのほとりにひびきわたりました。それを聞《き》いているうちにこわくなってきたボクは、急《いそ》いで道具《どうぐ》を片付《かたづ》けると、みんなのいるキャンプ場《じょう》へ逃《に》げ帰《かえ》りました。

そんな体験《たいけん》をした夜《よる》のことです。

みんなでバーベキューをしたのですが、ボクは朝《あさ》、魚《さかな》が釣《つ》れなかったのがだんだんくやしくなってきて、食事《しょくじ》を途中《とちゅう》でぬけ出《だ》すと、またダムへ行《い》ったんです。

キャンプ場《じょう》のほうはにぎやかだったのですが、ダムのほとりまで来《く》ると、とても静《しず》かでした。

ボクはまたあの笑《わら》い声《こえ》が聞《き》こえてくるのではないかと思《おも》って、少《すこ》しビクビクしながら釣《つ》りをしていました。でも、笑《わら》い声《こえ》は聞《き》こえてきませんでした。その代《か》わり、人《ひと》の気配《けはい》がしたんです。

（すぐそばに、だれかがいるような気《き》がする……）

ボクは後《うし》ろのしげみのほうを見《み》て、人《ひと》の気配《けはい》を探《さぐ》りました。でも、だれもいないようだったので、やっぱり気《き》のせいかと思《おも》って前《まえ》を向《む》きました。

すると、目《め》の前《まえ》に女《おんな》の子《こ》がいたんです。それも月《つき》の光《ひかり》でぼんやりと明《あか》るい水《みず》の上《うえ》に……。その女《おんな》の子《こ》からは、とてもぶきみな感《かん》じがしました。

「だ、だれ？」

ビックリしながらやっと言《い》えた言葉《ことば》がそれでした。でも、ボクが声《こえ》をかけると、女《おんな》の子《こ》はスッと姿《すがた》を消《け》してしまったんです。

ボクは釣《つ》りの道具《どうぐ》を放《ほう》り出《だ》して、大急《おおいそ》ぎでみんなのいるところまで走《はし》りました。そして泣《な》きそうになりながらお父《とう》さんやお母《かあ》さんに、朝《あさ》の笑《わら》い声《こえ》のことや、消《き》えてしまった女《おんな》の子《こ》のことを話《はな》したんです。

お父《とう》さんたちは「湖《みずうみ》の場所《ばしょ》にはもともと村《むら》があって、ダムを作《つく》るためにしずんでしまった」と言《い》っていました。村《むら》に住《す》んでいた人《ひと》たちは別《べつ》の場所《ばしょ》に移《うつ》ったのですが、墓地《ぼち》はそのままだったそうです。

山《やま》のなかで拾《ひろ》ったものにご用心《ようじん》

ポンコツマン（鹿児島県《かごしまけん》）

お父《とう》さんやお母《かあ》さんと島《しま》へ旅行《りょこう》に行《い》ったとき、山《やま》のなかの土《つち》に小《ちい》さな金属《きんぞく》のかたまりがうまっているのを見《み》つけました。ほり出《だ》してみると、チョークくらいの長《なが》さのつつでした。お父《とう》さんは「これは薬《やっ》きょうといって、戦争《せんそう》のときに兵隊《へいたい》さんが使《つか》っていたものだよ」と教《おし》えてくれました。

なんとなくカッコよかったから、ボクはその薬《やっ》きょうを宝物《たからもの》にしようと思《おも》って、家《いえ》に持《も》ち帰《かえ》ったんです。でも、その日《ひ》からこわい夢《ゆめ》を見《み》るようになりました。昔《むかし》の兵隊《へいたい》さんの服《ふく》を着《き》た知《し》らないおじさんが夢《ゆめ》に出《で》てきて、ボクを追《お》いかけてくるんです。毎晩《まいばん》うなされて、どんどんつかれていきました。ボクは汗《あせ》びっしょりで、ぼーっとして、ベッドから起《お》きられなくなったので、学校《がっこう》を休《やす》むことにしました。そして、また夢《ゆめ》にうなされて目《め》をさましたとき、ボクはまくらもとに兵隊《へいたい》さんが立《た》っていることに気付《きづ》きました。でも、そのときのボクには声《こえ》を出《だ》す元気《げんき》もなく、そのまま意識《いしき》を失《うしな》ったんです。

あとから、そのことを家族《かぞく》のみんなに話《はな》すと、ひいおじいちゃんが「それは兵隊《へいたい》の霊《れい》だ」と言《い》うので、薬《やっ》きょうをおはらいしてもらうことにしました。

ひいおじいちゃんが薬《やっ》きょうを神社《じんじゃ》に持《も》っていってくれました。その神社《じんじゃ》は戦争《せんそう》でなくなった人《ひと》がまつられてるところです。

神社《じんじゃ》で薬《やっ》きょうを供養《くよう》してもらってからは、兵隊《へいたい》さんの霊《れい》はもう現《あらわ》れなくなって、ボクもすっかり元気《げんき》になりました。

岩《いわ》の上《うえ》にいたお姉《ねえ》さん

T子《こ》（滋賀県《しがけん》）

私《わたし》は小学《しょうがく》6年生《ねんせい》のT子《こ》といいます。去年《きょねん》の夏休《なつやす》み、私《わたし》は2年生《ねんせい》の妹《いもうと》といっしょに、おばあちゃんの家《いえ》へとまりに行《い》きました。おばあちゃんの家は、私《わたし》の住《す》んでいるK市《し》からは、電車《でんしゃ》とバスで3時間《じかん》もかかる田舎《いなか》にあります。デパートもコンビニもありませんが、山《やま》や川《かわ》といった自然《しぜん》がいっぱいで、温泉《おんせん》もあり、旅行《りょこう》にやってくる人《ひと》たちも多《おお》いところです。

おばあちゃんの家《いえ》に着《つ》いた夜《よる》、私《わたし》はワクワクしてねむれませんでした。次《つぎ》の日《ひ》、妹《いもうと》と二人《ふたり》で川下《かわくだ》りをすることになっていたからです。

夜《よる》が明《あ》けてみると、夜中《よなか》に雨《あめ》がふっていたらしく川《かわ》の水《みず》が増《ふ》え、お昼《ひる》の川《かわ》下《くだ》りはお休《やす》みになっていました。そのため、私《わたし》と妹《いもうと》が船頭《せんどう》さんに舟《ふね》に乗《の》せてもらえたのは、もう夕方《ゆうがた》であたりがうす暗《ぐら》くなってきたころでした。

十人乗《じゅうにんの》りの舟《ふね》に、お客《きゃく》さんは私《わたし》と妹《いもうと》の二人《ふたり》だけでした。流《なが》れは速《はや》く、舟《ふね》はグングン進《すす》みます。私《わたし》も妹《いもうと》も初《はじ》めはこわくて、舟《ふね》のへりをぎゅっとにぎりし

めるばかりでしたが、やがて少《すこ》しなれて、あたりを見《み》ることができるようになりました。しばらくすると妹《いもうと》が、指《ゆび》さして言《い》いました。

「お姉《ねえ》ちゃん、人《ひと》がいるよ」

見《み》れば、川《かわ》のまんなかの岩《いわ》の上《うえ》に若《わか》い女《おんな》の人《ひと》が座《すわ》っています。顔《かお》ははっきりと見《み》えませんが、こちらを見《み》ているようです。すると女《おんな》の人《ひと》の真《ま》っ白《しろ》い手《て》が、すうっと上《あ》がり、まるでおいでおいでをするように、私《わたし》たちを手《て》まねきし始《はじ》めました。おどろいた私《わたし》は、船頭《せんどう》さんに声《こえ》をかけました。

「あんなところに人《ひと》がいますよ。こっちに手《て》で合図《あいず》をしています」

船頭《せんどう》さんは私《わたし》の指《ゆび》さしたほうをじっと見《み》つめましたが、ニヤリとして「おじさんをからかっちゃダメだよ。だれもいないじゃないか」と言《い》ってきたんです。私《わたし》はビックリして、もう一度《いちど》指《ゆび》さしました。

「本当《ほんとう》にいますよ、船頭《せんどう》さんには見《み》えていないんですか!?」

「ウソじゃないよ、あそこだよ! おいでおいでしてるよ!!」

妹《いもうと》も声《こえ》をそろえてそう言《い》いましたが、船頭《せんどう》さんは笑《わら》いながら頭《あたま》をふるばかりで、取《と》りあってくれません。私《わたし》たちは思《おも》わず顔《かお》を見《み》あわせました。

もう一度《いちど》岩《いわ》のほうを見《み》てみると、女《おんな》の人《ひと》はやはりそこにいます。ぬれた岩《いわ》の上《うえ》で、女《おんな》の人《ひと》はとてもさびしそうに見《み》えました。

舟《ふね》はそのまま進《すす》んでいきましたが、私《わたし》と妹《いもうと》はどんどん遠《とお》く、小《ちい》さくなっていく女《おんな》の人《ひと》の影《かげ》から、目《め》がはなせませんでした。女《おんな》の人《ひと》の白《しろ》い手《て》は、私《わたし》たちを行《い》かせたくないかのように、いつまでもいつまでも手《て》まねきしていました。

川下《かわくだ》りが終《お》わっておばあちゃんの家《いえ》に帰《かえ》ってから、私《わたし》たちはおばあちゃん

に女《おんな》の人《ひと》のことを話《はな》しました。おばあちゃんは少《すこ》しまよってから、

「自殺《じさつ》した人《ひと》の霊《れい》じゃないかねえ。何年《なんねん》か前《まえ》、あの川《かわ》にガケから飛《と》びおりた女《おんな》の人《ひと》がいたはずだよ」と言《い》いました。おばあちゃんの話《はなし》では、このあたりではときどき自殺《じさつ》する人《ひと》が出《で》るそうです。飛《と》びおり以外《いがい》にも、山《やま》のなかで首《くび》をつった人《ひと》もいるとのことでした。

あの女《おんな》の人《ひと》は、とてもさびしそうでした。きっと、手《て》まねきで私《わたし》たちによびかけていたのでしょう。

「おいで、仲間《なかま》におなり」と。

海中《かいちゅう》に見《み》たものは……

ハイキング～（三重県《みえけん》）

私《わたし》のお母《かあ》さんは海《うみ》がこわいと言《い》います。私《わたし》がどうしてかたずねると、お母《かあ》さんが子《こ》どものころにあった、海《うみ》でのこんな話《はなし》を聞《き》かせてくれました。

ある夏《なつ》のこと、近所《きんじょ》のM中学校《ちゅうがっこう》のプールがこわれてしまったことがありました。ちょうど体育《たいいく》の授業《じゅぎょう》で水泳《すいえい》をする季節《きせつ》です。仕方《しかた》なくM中学校《ちゅうがっこう》では、水泳《すいえい》の授業《じゅぎょう》を近《ちか》くの海《うみ》ですることになりました。思《おも》いがけない海水浴《かいすいよく》に、生《せい》徒《と》たちは大喜《おおよろこ》びで、先生《せんせい》の号令《ごうれい》も待《ま》たずに次々《つぎつぎ》と海《うみ》へ入《はい》りました。

先生《せんせい》が遊《あそ》びに来《き》たんじゃないと生徒《せいと》たちをしかろうとしたそのとき、あちこちで生徒《せいと》たちが悲鳴《ひめい》をあげておぼれ始《はじ》めたのです。そんなに深《ふか》い海《うみ》ではないので、先生《せんせい》も初《はじ》めは悪《わる》ふざけかと思《おも》いました。しかし生徒《せいと》たちは必死《ひっし》の顔《かお》で手足《てあし》をばたつかせ、一人《ひとり》、また一人《ひとり》と波《なみ》の下《した》へとしずんでいきます。あわてて先生《せんせい》は生徒《せいと》たちを助《たす》けに海《うみ》へ入《はい》りました。あたりにいた大人《おとな》たちも手伝《てつだ》いましたが、無事《ぶじ》、助《たす》けられた生徒《せいと》はクラスの半分《はんぶん》ほどで、ほかの子《こ》たちは、みんなおぼれ死《し》んでしまいました。どうにか生《い》き残《のこ》った生徒《せいと》はこんな話《はなし》をしたといいます。

「足《あし》を何《なに》かにさわられてアレって思《おも》ったとたん、ギュッと足《あし》をつかまれて海《うみ》のなかにひきずりこまれちゃって、そこで見《み》たの。防空《ぼうくう》ずきんをかぶった女《おんな》の子《こ》。そして私《わたし》の足《あし》をつかんでる女《おんな》の子《こ》の口《くち》が、あ・そ・ぼって動《うご》いた気《き》がする」

その後《ご》、その海《うみ》で泳《およ》ぐことは禁《きん》止《し》されました。お母《かあ》さんはこの話《はなし》を聞《き》いてから、こわくて海《うみ》では一《いち》度《ど》も泳《およ》いでいないそうです。

全国各地《ぜんこくかくち》の七不思議《ななふしぎ》が大集合《だいしゅうごう》！

オラが学校《がっこう》の七不思議《ななふしぎ》発表会《はっぴょうかい》 二《に》

京都府《きょうとふ》
R小学校《しょうがっこう》
うずまき

1 夜《よる》になって4階《かい》への非常階段《ひじょうかいだん》の段数《だんすう》を数《かぞ》えると、普段《ふだん》は12段《だん》なのに13段《だん》になっている。

2 図工室《ずこうしつ》には、みんなが使《つか》うための彫刻刀《ちょうこくとう》が大量《たいりょう》にある。そのなかにある呪《のろ》われた彫刻刀《ちょうこくとう》で版画《はんが》をほると、板《いた》から血《ち》が流《なが》れ出《で》てくる。

3 そうじをさぼって焼却炉《しょうきゃくろ》の前《まえ》を通《とお》ると、焼却炉《しょうきゃくろ》からのびた手《て》に、なかにひきずりこまれる。

4 校門《こうもん》にはさまれて死《し》んだ子《こ》がいる。毎年《まいとし》、その子《こ》が死《し》んだ日《ひ》の夜《よる》は校門《こうもん》が血《ち》だらけになる。

5 放送室《ほうそうしつ》にある呪《のろ》いのCDを聞《き》いた人間《にんげん》は、地獄《じごく》にひきずりこまれてしまう。

6 夕方《ゆうがた》に一人《ひとり》でろうかを歩《ある》いていると、ろうかがありえないほど長《なが》くなることがある。

7 深夜《しんや》、学校《がっこう》のかべを霊《れい》の手《て》が登《のぼ》っていく。

第四章《だいよんしょう》

事故現場《じこげんば》には霊《れい》がいる！

乗《の》り物《もの》怪《かい》談《だん》

事故現場《じこげんば》や事故《じこ》を起《お》こした乗《の》り物《もの》のそばには、霊《れい》がいることが多《おお》い。そんな乗《の》り物《もの》に関係《かんけい》する怪談《かいだん》をご紹介《しょうかい》！

近《ちか》付《づ》いてくる船《ふね》の影《かげ》

ミスターKY（千葉《ちば》県《けん》）

ボクのお父《とう》さんは漁師《りょうし》。あれはボクが休《やす》みの日《ひ》に、お父《とう》さんの自慢《じまん》の船《ふね》で海《うみ》のドライブに出《で》かけたときのことだ。船《ふね》でいろいろまわっている間《あいだ》に、すっかり日《ひ》が落《お》ちて夜《よる》になってしまった。そろそろもどろうと、お父《とう》さんは船《ふね》の方向《ほうこう》を帰《かえ》り道《みち》へと向《む》けた。ボクは港《みなと》に着《つ》くまで、甲板《かんぱん》にいることにした。風《かぜ》が気持《きも》ちよかったからね。その日《ひ》は夕方《ゆうがた》から雲《くも》が出《で》てきて、夜《よる》になってからは星《ほし》一《ひと》つない闇夜《やみよ》。海《うみ》はうねうねとしていて真《ま》っ黒《くろ》な生《い》き物《もの》みたいだった。

その海《うみ》の上《うえ》に、突然《とつぜん》、ボクたちの船《ふね》のほうへとつき進《すす》んでくる船《ふね》の影《かげ》が現《あらわ》れた。しょうとつするぞ、と思《おも》ったボクはすぐにお父《とう》さんに知《し》らせた。すると、お父《とう》さんはレーダーと船《ふね》の影《かげ》を見《み》くらべながら、首《くび》をひねったんだ。

「おかしいな、レーダーには反応《はんのう》がまったく出《で》ていないぞ?」

そうしている間《あいだ》にも、船《ふね》はどんどん近付《ちかづ》いてくる。クルーザーみたいだった。お父《とう》さんは無線《むせん》やスピーカーでよびかけたけど返事《へんじ》はなし。このままで

は、ぶつかってしまう。

「しっかりつかまってろ！」

お父《とう》さんはボクにさけぶと、クルーザーをよけるため、船《ふね》を急《きゅう》せんかいさせた。その瞬間《しゅんかん》、雲《くも》の間《あいだ》から月《つき》が顔《かお》を出《だ》して、あたりが明《あか》るくなった。そしてボクは見《み》た！ゾッとしたよ。月明《つきあ》かりに照《て》らされたクルーザーの運転席《うんてんせき》には、だれもいなかったんだ!!

あとで聞《き》いたけど、そのあたりは漁師仲間《りょうしなかま》では事故《じこ》が多《おお》いことで有名《ゆうめい》な場所《ばしょ》で、幽霊船《ゆうれいせん》が出《で》るってうわさのある魔《ま》の海域《かいいき》だったんだ。

おまわりさんに止《と》められて

キャンディ（岐阜県《ぎふけん》）

「K子《こ》、近付《ちかづ》いてきたあれがうわさのトンネルだぞ」

お父《とう》さんの声《こえ》で、車《くるま》のなかでうとうとしていた私《わたし》はあわてて飛《と》び起《お》きたの。車《くるま》は夜《よる》の山道《やまみち》を走《はし》っていた。乗《の》っていたのは運転席《うんてんせき》のお父《とう》さん、助手席《じょしゅせき》に私《わたし》、そして後《うし》ろにお母《かあ》さん。家族三人《かぞくさんにん》で高原《こうげん》のペンションに遊《あそ》びに行《い》ってたんだけど、その帰《かえ》り道《みち》の話《はなし》よ。私《わたし》が身《み》を乗《の》り出《だ》すと、せまってくる山《やま》にぽっかりと口《くち》を開《あ》けたトンネルが見《み》えた。道《みち》は空《す》いていたので車《くるま》はすいすいと進《すす》んでいって、私《わたし》たちの車《くるま》はうわさのトンネルへとすべりこんでいった。

「なんだ、つまんない。明《あか》るいし、全然《ぜんぜん》ふつうのトンネルじゃない」

私《わたし》は文句《もんく》を言《い》っちゃった。だってそのトンネルって、なかは明《あか》るいオレンジ色《いろ》の電灯《でんとう》がついていて、かべもキレイでこわいところなんてないんだもん。

「少《すこ》し車《くるま》を止《と》めてみよう。待《ま》っていたら、出《で》るかもしれないぞお～」

お父《とう》さんはおどけて言《い》うと、車《くるま》を少《すこ》しわきへとよせて止《と》めた。私《わたし》たちが待《ま》

っていたのは幽霊《ゆうれい》。ペンションの管理人《かんりにん》のおじさんが、帰《かえ》り支度《じたく》をして車《くるま》に乗《の》ろうとしていた私《わたし》たちに、おどかすように低《ひく》い声《こえ》でこう教《おし》えてくれたの。

「あのトンネルには、夜《よる》になると乗《の》せて～乗《の》せて～って四《よ》つんばいで車《くるま》を追《お》いかけてくる幽霊《ゆうれい》が出《で》るんだ。本当《ほんとう》だぞ、何人《なんにん》も見《み》てるんだから」

幽霊《ゆうれい》なんて信《しん》じていたわけじゃないけど、何《なに》も起《お》こらなくて私《わたし》は少《すこ》しがっかりしていた。そのとき、運転席《うんてんせき》のお父《とう》さんが急《きゅう》に私《わたし》のほうへふりむいたの。

「出《で》たぞ、四《よ》つんばいの幽霊《ゆうれい》が走《はし》ってくる、車《くるま》に向《む》かってくるぞ！」

お父《とう》さんの大声《おおごえ》に私《わたし》とお母《かあ》さんはおどろいて悲鳴《ひめい》をあげた。そしたら、お父《とう》さんがクスクス笑《わら》い出《だ》した。ウソだって言《い》うんだよ、ヒドイよね。私《わたし》もお返《かえ》しに「出《で》たー」ってさけんで、お父《とう》さんをビックリさせてやった。それで気《き》がすんだ私《わたし》たちは、もう帰《かえ》ることにしたんだ。ところがトンネルを出《で》て少《すこ》し行《い》ったら、幽霊《ゆうれい》じゃなくておまわりさんに追《お》いかけられたの。白《しろ》バイのおまわりさんの「そこの車止《くるまと》まりなさい！」っていう指示《しじ》にお父《とう》さんは従《したが》った。お母《かあ》さんに（もう、スピード出《だ》しすぎるから！）って言《い》いたそうな顔《かお》でにらまれると、お父《とう》さんは出《だ》していないよと首《くび》をふって、窓《まど》を開《あ》けた。すると、窓《まど》から車内《しゃない》をのぞきこんできたおまわりさんに、こう言《い》われたの……。

「本官《ほんかん》の見《み》まちがいかな。この車《くるま》の上《うえ》に人影《ひとかげ》のようなものが見《み》えた気《き》がしたので、止《と》まってもらったんですが……。行《い》っていいですよ」

私《わたし》たち家族《かぞく》はゾッとして、顔《かお》を見《み》あわせた。こわすぎてしばらく声《こえ》も出《だ》せなかったわ。幽霊《ゆうれい》、本当《ほんとう》に車《くるま》の上《うえ》にいたのかな？　こんな話《はなし》、信《しん》じる？

車内《しゃない》に残《のこ》されたバッグ

やまだたろう（富山県《とやまけん》）

これは、タクシーの運転手《うんてんしゅ》をしているボクのパパから聞《き》いた話《はなし》だ。ある夜《よる》、駅前《えきまえ》でパパは男《おとこ》のお客《きゃく》さんを乗《の》せた。時間《じかん》はもう真夜中《まよなか》、ちょうど最終《さいしゅう》の電車《でんしゃ》が行《い》ってしまったころのこと。どこまで乗《の》るのかたずねると、お客《きゃく》さんは自宅《じたく》までというので、パパは自宅《じたく》の場所《ばしょ》を聞《き》いて車《くるま》をスタートさせた。パパは走《はし》りながら、バックミラーごしにお客《きゃく》さんの様子《ようす》を見《み》てみると、お客《きゃく》さんは、とてもつかれた顔《かお》をしていたんだって。それで、「お客《きゃく》さん、こんな夜《よる》おそくまで残業《ざんぎょう》ですか？　大変《たいへん》ですね。なんならねていてもかまいませんよ。着《つ》いたら起《お》こしてあげますから」気《き》の毒《どく》に思《おも》ったパパはそう言《い》ってあげたけど、お客《きゃく》さんはだまってゆっくり首《くび》をふると、バッグをひざの上《うえ》にのせたかっこうのまま、じっとしていたっていうんだ。それからしばらくして、お客《きゃく》さんの家《いえ》の前《まえ》に着《つ》いた。すると、バッグからサイフを出《だ》そうとしたお客《きゃく》さんは、「すみません。サイフを忘《わす》れてきてしまいました。家《いえ》からお金《かね》を取《と》ってくるので待《ま》っていてください。逃《に》げたりしませんよ、代《か》わりにこのバッグを置《お》いていきます」と言《い》うと、バッグを座席《ざせき》に置《お》いていった。

　このお客《きゃく》さんを最後《さいご》にして、帰《かえ》るつもりだったパパはめんどうだなと思《おも》ったけれど、仕方《しかた》なく待《ま》っていることにしたんだって。

　ところが5分《ふん》待《ま》っても、10分《ぷん》待《ま》ってもお客《きゃく》さんは帰《かえ》ってこない。

　腹《はら》を立《た》てたパパは、バッグを持《も》ってタクシーからおりると、家《いえ》の前《まえ》へ行《い》ってチャイムを鳴《な》らした。

すると、なかから出《で》てきたのは、あのお客《きゃく》さんではなく年老《としお》いた夫婦《ふうふ》だった。

パパが声《こえ》をかけようとすると、二人《ふたり》は突然《とつぜん》泣《な》き出《だ》し、おじいさんが言《い》った。

「あなたの持《も》っているバッグ、どこにあったんですか？　それは一週間前《いっしゅうかんまえ》にタクシーにはねられて死《し》んでしまった、ワシらの一人息子《ひとりむすこ》のものです」

　パパはビックリして、駅前《えきまえ》からここまでお客《きゃく》さんを乗《の》せてきたこと、お客《きゃく》さんの様子《ようす》などを話《はな》した。話《はなし》を聞《き》いたおばあさんはバッグを受《う》け取《と》ると「これは息子《むすこ》の誕生日《たんじょうび》に私《わたくし》たちがおくったものです。気《き》に入《い》っていたようで、息子《むすこ》はとても大事《だいじ》にしていました。タクシーにはねられた息子《むすこ》が、タクシーに大切《たいせつ》な形見《かたみ》のバッグをとどけてもらった。これも何《なに》かの因縁《いんねん》かもしれませんねえ。ありがとう、ありがとう……」と泣《な》きながら言《い》った。

　二人《ふたり》はパパにタクシー代《だい》をはらおうとしたけれど、パパは受《う》け取《と》らなかった。とてもそんな気分《きぶん》にはなれなかったから。そして、二人《ふたり》に見送《みおく》られてタクシーに乗《の》りこんだパパは、家《いえ》に帰《かえ》るまでの間《あいだ》、ずっと考《かんが》えていたんだって。

あのお客《きゃく》さんは、バッグにどんな気持《きも》ちをつめこんでいたんだろう、って。

じゃーなー
また明日《あした》な
後《こう》部《ぶ》座《ざ》席《せき》の少《しょう》女《じょ》
たのま ゆうむ
なぁお前《まえ》
終《しゅう》バスで帰《かえ》んだよな？
？
そだよ
出るらしいぜ
コレ

まっさかっ
じゃな
ってオイ！マジだって!!
キキッ
お
らっき♪
こんばんはー
ハイ コンバンハ！
今日《きょう》も オレ一人《ひとり》か
ふん ふん♪

なんだあ!?
ニコ…
同《おな》じ塾《じゅく》の子《こ》かな？
見《み》たことないな
このへんに住《す》んで——
——あれ？

女《おんな》の子《こ》なんて
いつ乗《の》ったんだ?
乗《の》ったときは
だれもいなかったし
どこのバス停《てい》にも
止《と》まってないよな
終《しゅう》バスに
幽霊《ゆうれい》が――
ま
まさか……
ニコ

どきどき
すげー
かわいーじゃんっ
オレにほほえんだ!?
もしかして
オレのこと
好《す》――
どきどき
ニヤ…

びびった…っ
なんだ？ 今《いま》の!?
『出《で》るらしいぜ』
『コレ』
ははははっ
まさかっ
……
さっきまで一番後《いちばんうし》ろにいなかったっけ
??
!?
近付《ちかづ》いてきてる!?
まさかっ
気のせい気のせいっ

スゥ
う…

運転手《うんてんしゅ》さんっ
止《と》めてーーっっ
オレおりる!!
キキーッ
キミが
おりるのは
次《つぎ》だろう？
いーんだっ
ありがとっ
はあ
はあ

次《つぎ》の日《ひ》——
昨日《きのう》の女《おんな》の子《こ》？
何《なに》言《い》ってんの ずっとキミ一人《ひとり》だったじゃない
どうしたの？
あのとき もし…
一《いっ》コ前《まえ》で おりなかったら
どうなって いたんだろう
でも もしかしたら
あの子《こ》はただ 話《はな》し相《あい》手《て》が欲《ほ》しかった だけだったのかもしれない

第五章《だいごしょう》

ケータイ、PC《パソコン》……

デジタルホラー

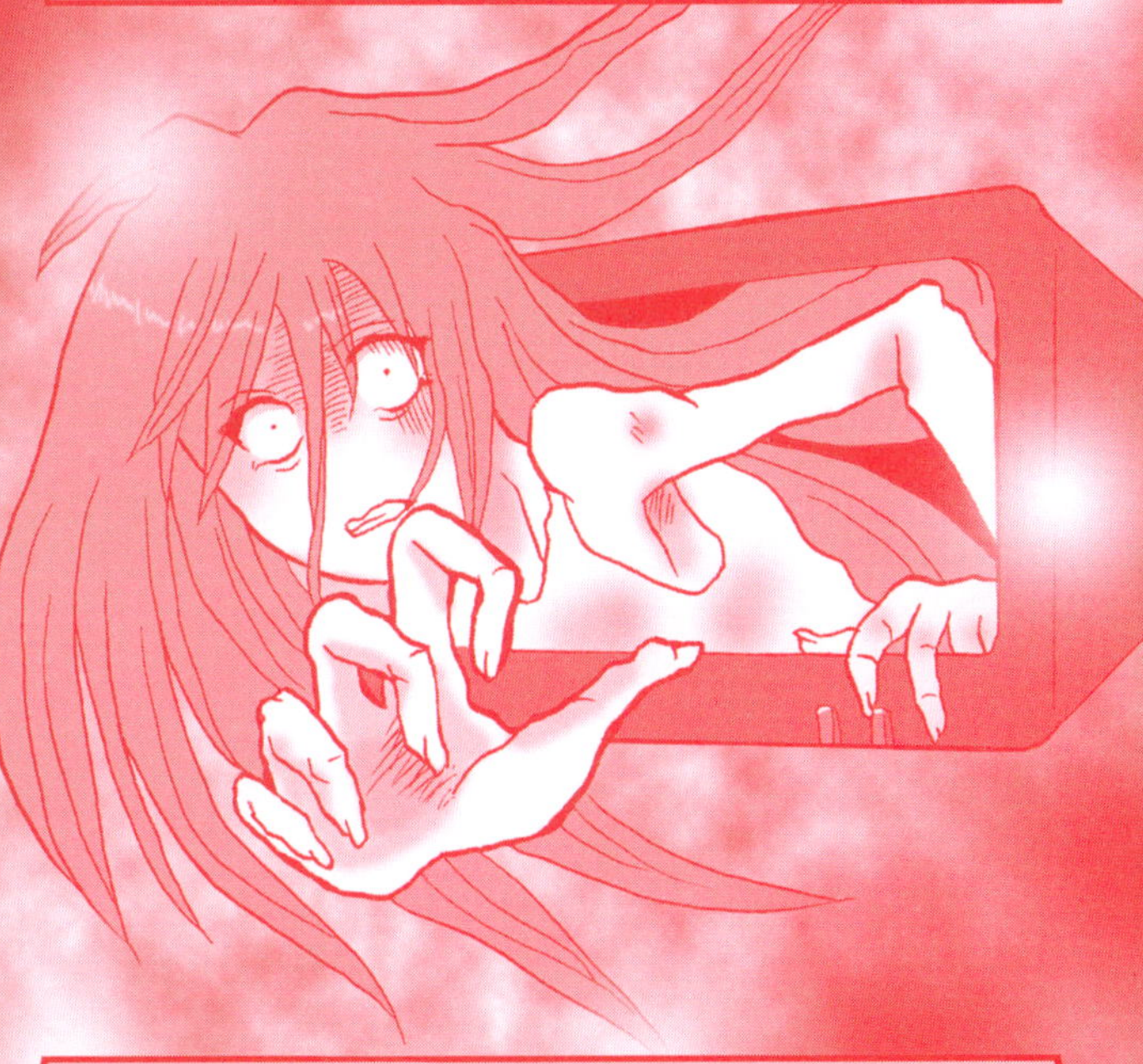

霊《れい》って自然現象《しぜんげんしょう》なイメージがあるよね。でも、ハイテク製品《せいひん》を使《つか》うときにも、怪奇現象《かいきげんしょう》は起《お》こっているのだ！

呪《のろ》われたデジカメ

チビ大好《だいす》き（福島県《ふくしまけん》）

私《わたし》はブログをやっているの。犬《いぬ》のチビの成長日記《せいちょうにっき》。この私《わたし》のブログの裏話《うらばなし》、教《おし》えちゃうね。ブログを始《はじ》めたばかりのころ、中古《ちゅうこ》のデジカメを買《か》ってもらった私《わたし》は、チビの写真《しゃしん》をとってのせることにした。チビの写真《しゃしん》のおかげで、ブログは大人気《だいにんき》。お客《きゃく》さんの書《か》きこみも多《おお》くて、みんなチビをかわいいってほめてくれた。それがうれしくて、毎日《まいにち》チビの写真《しゃしん》をのせていたんだけど、1カ月《げつ》くらいたったころから、デジカメでとったチビの姿《すがた》がかすんできたの。中古《ちゅうこ》だし、しょうがないと思《おも》った私《わたし》は、〝中古《ちゅうこ》カメラなんで、写真《しゃしん》かすれちゃってゴメンなさい（笑《わらい》）〟って説明《せつめい》をつけて、写真《しゃしん》をのせ続《つづ》けた。そうしたら、毎日《まいにち》チビの姿《すがた》がうすくなっていって、写真《しゃしん》のチビだけじゃなくて本《ほん》当《とう》のチビもだんだん元気《げんき》がなくなっていっちゃったの。それで心配《しんぱい》になってチビをお医者《いしゃ》さんにみせたら、どこも悪《わる》くないし夏《なつ》バテだろうって。なあんだ、ってホッとした私《わたし》はブログにもチビが夏《なつ》バテになった話《はなし》を書《か》い

写真かすれちゃって
ゴメンなさい ><

たりしていたんだけど、それだけじゃ終《お》わらなかった。元気《げんき》のないチビを私《わたし》はあいかわらずデジカメでとっていたんだけど、チビの姿《すがた》はかすんでいく一方《いっぽう》。ある日《ひ》ねむっているチビをとったら、ついに向《む》こう側《がわ》が見《み》えちゃうくらいすき通《とお》った幽霊《ゆうれい》みたいな写真《しゃしん》になっちゃった。えっ、と思《おも》ってチビをよんだけど、チビは起《お》きない。チビはねむっているんじゃなくて、意識《いしき》をなくしてしまっていたの。私《わたし》はすぐにお父《とう》さんをよんで、チビを病院《びょういん》につれていった。そして、チビはそのまま入院《にゅういん》。チビが心配《しんぱい》になった私《わたし》は、まさかと思《おも》ったけど、デジカメの写真《しゃしん》のことをお父《とう》さんに話《はな》したの。すると、お父《とう》さんは「チビの病気《びょうき》とは関係《かんけい》ないとは思《おも》うけど、けっかん品《ひん》じゃこまるし、修理《しゅうり》してもらってくるよ」って言《い》って、デジカメを買《か》ったカメラ屋《や》に向《む》かった。

ここからはお父《とう》さんからあとで聞《き》いた話《はなし》。お父《とう》さんはカメラ屋《や》で店員《てんいん》さんに私《わたし》のデジカメを見《み》せた。けど、どこもおかしくないっていうから、お父《とう》さんはチビがかすんで写《うつ》る話《はなし》をしたんだって。そうしたら店員《てんいん》さんの顔色《かおいろ》が変《か》わったの。何《なに》かあるぞと思《おも》ったお父《とう》さんが問《と》いつめると店員《てんいん》さんは、「実《じつ》は

このデジカメ、自殺《じさつ》した人《ひと》の持《も》ち物《もの》でしてね。ご家族《かぞく》が残《のこ》された品物《しなもの》を整理《せいり》するため売《う》りに来《き》たものなんですよ」と話《はな》した。

お父《とう》さんはそのあと近《ちか》くの神社《じんじゃ》に行《い》って、デジカメのおはらいと処分《しょぶん》を頼《たの》んだの。それからチビはみるみるよくなっていったわ。

でも、ブログにチビの写真《しゃしん》をのせるのはやめた。デジカメはもうこりごり。その代《か》わり、チビのイラストを自分《じぶん》で描《か》いてのせることにしたの。元気《げんき》になったチビは、今《いま》でもみんなの人気者《にんきもの》なんだ。

画面《がめん》にうつったものは……

ジャッキーチョン（山口県《やまぐちけん》）

その晩《ばん》、オレは家《いえ》に一人《ひとり》きりだった。親《おや》たちは温泉旅行《おんせんりょこう》に出《で》かけている。オレはうるさい親《おや》のいない夜《よる》を思《おも》いっきり楽《たの》しもうと、真夜中《まよなか》までリビングのソファにねっころがってマンガを読《よ》んでいた。テレビはつけっぱなしで、お菓子《かし》を食《た》べながらだ。オレが夢中《むちゅう》でマンガに読《よ》みふけっていると、テレビからザーザーいう音《おと》が聞《き》こえてくるのに気付《きづ》いた。見《み》てみると、番組《ばんぐみ》が終《お》わって画面《がめん》は砂嵐《すなあらし》。オレはテレビを消《け》そうと思《おも》って起《お》きあがった。その瞬間《しゅんかん》、オレの目《め》は画面《がめん》にくぎ付《づ》けになった。ポツポツと画面《がめん》に血《ち》のような真《ま》っ赤《か》な点《てん》が現《あらわ》れると、ぞわぞわと寄《よ》り集《あつ》まって文字《もじ》を形作《かたちづく》っていったんだ。さようなら、そう書《か》かれていた。思《おも》わず悲鳴《ひめい》をあげたオレはリモコンでテレビを消《け》そうとしたけど、何度《なんど》ボタンを押《お》しても消《き》えない。コンセントをぬいてもダメ、画面《がめん》にはさようならの血文字《ちもじ》がうかんだままだ。こわくなったオレはリビングを逃《に》げ出《だ》し、自分《じぶん》の部屋《へや》へかけこむと、布団《ふとん》をかぶってねてしまった。

朝《あさ》、リビングに行《い》くと、テレビはついたままでワイドショーをやっていた。ホッとしたオレは、電《でん》気《き》ストーブのコンセントがぬけているのに気付《きづ》いた。テレビとまちがえてぬいていたんだ。もしかしてと思《おも》ってリモコンの電池《でんち》をかえたら、リモコンもきくじゃないか。

そのあと、オレは、昨日《きのう》の新聞《しんぶん》のテレビらんを広《ひろ》げた。あの血文《ちも》字《じ》も怪談番組《かいだんばんぐみ》か何《なに》かだと思《おも》ってさ。けど怪談番組《かいだんばんぐみ》なんてないし、放送《ほうそう》も終《お》わったあとだったんだ。オレは何《なに》を見《み》たんだろう？

裏掲示板《うらけいじばん》

パピヨン（秋田県《あきたけん》）

その日《ひ》のKくんはおかしかった。ボクとKくんは塾《じゅく》で同《おな》じクラスなんだけど、授業中《じゅぎょうちゅう》からKくんはずっとうわのそら。青《あお》い顔《かお》をして、勉強《べんきょう》にまったく集中《しゅうちゅう》できない様子《ようす》だった。授業《じゅぎょう》が終《お》わって、ボクはKくんに声《こえ》をかけた。学校《がっこう》は違《ちが》うけど席《せき》が近《ちか》いから、休《やす》み時間《じかん》にはボクらはいつもいっしょにしゃべっている。Kくんの様子《ようす》が気《き》になっていたボクは「今日《きょう》のお前《まえ》、おかしかったぜ。なあ、何《なに》かあったのか？」と聞《き》いてみた。Kくんは塾《じゅく》のなかでもイタズラっ子《こ》で有名《ゆうめい》なヤツだけど、それでいて授業《じゅぎょう》は意外《いがい》と真面目《まじめ》に受《う》けて、テストもいい点《てん》取《と》っているんだ。Kくんはボクに「裏掲示板《うらけいじばん》って知《し》ってるか？インターネットのアレ」って問《と》い返《かえ》してきた。ボクはうなずいた。裏掲示板《うらけいじばん》は直接《ちょくせつ》言《い》えないような他人《たにん》の悪口《わるぐち》を書《か》きこむところだ。ボクも一度《いちど》だけ見《み》たことがある。でも悪口《わるぐち》ばかりの掲示板《けいじばん》なんて、いい気持《きも》ちがしなかったから、それからは見《み》ていない。

「オレ、友《とも》だち二人《ふたり》といっしょにこの間《あいだ》、うちの学校《がっこう》のMってヤツのこと書《か》きこんだんだ。サッカーの試合《しあい》、そいつのドジのせいで負《ま》けちゃってムカついたからさ」

　書《か》きこみには、すぐに返信《へんしん》が着《さ》て、悪《わる》ノリしたKくんたちは毎日《まいにち》書《か》きこみを続《つづ》けて、悪口《わるぐち》はどんどんひどいものになっていった。

「そしたら、Mのヤツ、自殺《じさつ》しちまったんだ……。遺書《いしょ》に、裏掲示《うらけいじ》板《ばん》のせいだって書《か》いてさ」

　Kくんの話《はなし》によると、小学校《しょうがっこう》の屋上《おくじょう》から飛《と》びおりたらしい。Kく

んは友《とも》だちだけど、ひどい話《はなし》だと思《おも》った。Mくんも自殺《じさつ》までしなくてもいいのにとも思《おも》ったけどね。そのあと、裏掲示板《うらけいじばん》にMくんの名前《なまえ》で、Kくんたちを呪《のろ》う書《か》きこみがあったらしい。裏掲示板《うらけいじばん》の書《か》きこみは、だれが書《か》いたか分《わ》からないようにペンネームを使《つか》うのが普通《ふつう》だ。Kくんたちもペンネームを使《つか》っていたのに、その呪《のろ》いの書《か》きこみには、自殺《じさつ》の原因《げんいん》になったKくんたち三《さん》人《にん》の名前《なまえ》がはっきりと記《しる》されていた。ボクは呪《のろ》いの内容《ないよう》をKくんに聞《き》いた。

「一人目《ひとりめ》は病気《びょうき》、二人目《ふたりめ》は大《おお》ケガ、三人目《さんにんめ》は一番《いちばん》おそろしいことになる、って。実《じつ》はさ、いっしょに書《か》きこんだヤツら、一人《ひとり》は肺炎《はいえん》で入院《にゅういん》してて、もう一人《ひとり》は今日《きょう》、学校《がっこう》で階段《かいだん》から落《お》ちて骨折《こっせつ》してさ、やっぱり入院《にゅういん》したんだ。あとオレだけなんだよ……。どうなるのかと思《おも》ったら勉強《べんきょう》どころじゃないよ」

ボクは、ぐうぜんだから気《き》にするなよとKくんをはげまして、別《わか》れたんだ。けど次《つぎ》の日《ひ》、Kくんは塾《じゅく》に来《き》ていなかった。先生《せんせい》の話《はなし》では、交通事故《こうつうじこ》にあって、命《いのち》は助《たす》かったけれど、意識不明《いしきふめい》の重体《じゅうたい》だそうだ。Mくんの呪《のろ》いは実現《じつげん》してしまったんだ……。あれから半年《はんとし》、Kくんはまだ塾《じゅく》に来《き》ていない。

おじいちゃんからの電話《でんわ》

Ｙ香《か》（神奈川県《かながわけん》）

中学生《ちゅうがくせい》になったらケータイを買《か》ってもらう約束《やくそく》を両親《りょうしん》としていた私《わたし》・Ｙ香《か》は、中学《ちゅうがく》の入学式《にゅうがくしき》のあと、ついに念願《ねんがん》のケータイを手《て》に入《い》れることができました。これはその日《ひ》のできごとです。

入学式《にゅうがくしき》のあと、お母《かあ》さんに書《か》いてもらった同意書《どういしょ》を持《も》って、つきそいのお兄《にい》ちゃんとケータイショップに向《む》かった私《わたし》は、ピンクのかわいいケータイを選《えら》びました。買《か》ったらすぐに使《つか》ってみたかったので、店員《てんいん》さんに頼《たの》んで箱《はこ》に入《い》れたりせずにケータイを受《う》け取《と》ると、そのままポケットに入《い》れて持《も》ち帰《かえ》ることにしました。すると、帰《かえ》り道《みち》の途中《とちゅう》、私《わたし》のケータイに電話《でんわ》がかかってきたのです。画面《がめん》を見《み》ても何《なに》も表示《ひょうじ》されず、だれからの電話《でんわ》か分《わ》かりませんでした。でも、ケータイに電話《でんわ》がかかってきたことがうれしかった私《わたし》はすぐに出《で》ました。電話《でんわ》の相手《あいて》は田舎《いなか》のおじいちゃん。おじいちゃんは、「元気《げんき》にしてるか？　Ｙ香《か》も今日《きょう》から中学生《ちゅうがくせい》だな、おめでとう」と言《い》ってくれました。

私《わたし》が入学式《にゅうがくしき》の様子《ようす》や、入《はい》りたい部活《ぶかつ》のことなどを話《はな》すと、おじいちゃんは、うんうんと、うれしそうにうなずきながら聞《き》いてくれたあと、「もう時間《じかん》がないなあ。おじいちゃん、これからちょっと出《で》かけるんだ。遠《とお》くからだけど、いつも見守《みまも》っているから……」と言《い》いました。ここで電波《でんぱ》が悪《わる》くなったのか、おじいちゃんの声《こえ》が小《ちい》さくなり、何《なに》か続《つづ》きを言《い》ったようでしたが聞《き》き取《と》ることができず、そのままプツリと電話《でんわ》は切《き》れてしまったのです。

それからすぐのこと。今度《こんど》はお兄《にい》ちゃんのケータイに、お母《かあ》さんから電話《でんわ》がありました。電話《でんわ》に出《で》て話《はなし》を聞《き》いたお兄《にい》ちゃんは、ビックリしてさけびました。

「えっ、おじいちゃんが死《し》んだ？　母《かあ》さん、ウソだろ？　今《いま》Y香《か》のケータイに電話《でんわ》あったんだぜ‼」

しばらくお母《かあ》さんと話《はな》してから青《あお》ざめた顔《かお》でケータイを切《き》ると、お兄《にい》ちゃんは言《い》いました。

「おじいちゃん、本当《ほんとう》に死《し》んだみたいだ。突然《とつぜん》倒《たお》れたって」

お兄《にい》ちゃんの言葉《ことば》に私《わたし》は「だっ

て今《いま》、電話《でんわ》が！」と言《い》いかけて、ハッとあることに気《き》付《づ》きました。ケータイはさっき買《か》ったばかり。この番号《ばんごう》はまだ私《わたし》とお兄《にい》ちゃんしか知《し》らないのです。

「着信《ちゃくしん》りれきを調《しら》べてみろよ」

お兄《にい》ちゃんに言《い》われた私《わたし》は、やり方《かた》を教《おそ》わって調《しら》べました。ケータイには、いつだれから電話《でんわ》があったかの記録《きろく》が残《のこ》るのです。けれど、りれきは0件《けん》でした。天国《てんごく》へ向《む》かうおじいちゃんがケータイにかけてくれた、最後《さいご》のメッセージの優《やさ》しい声《こえ》を私《わたし》は一生忘《いっしょうわす》れません。

全国《ぜんこく》各地《かくち》の七不思議《ななふしぎ》が大集合《だいしゅうごう》！

オラが学校《がっこう》の七不思議《ななふしぎ》発表会《はっぴょうかい》 三《さん》

群馬県《ぐんまけん》
D小学校《しょうがっこう》
F1

1 理科室《りかしつ》の人体模型《じんたいもけい》が深夜《しんや》の学校《がっこう》を歩《ある》きまわる。

2 校庭《こうてい》に植《う》えられた柳《やなぎ》の木《き》の下《した》に、死《し》に装束《しょうぞく》を着《き》た女《おんな》の幽霊《ゆうれい》が現《あらわ》れる。

3 朝《あさ》、まだだれも使《つか》っていないのに、トイレがつまっていることがある。それを取《と》りのぞこうとすると、なかから長《なが》い髪《かみ》の毛《け》が出《で》てくる。

4 首《くび》つり自殺《じさつ》した先生《せんせい》の霊《れい》が、職員室《しょくいんしつ》に現《あらわ》れる。

5 視聴覚室《しちょうかくしつ》のなかに、児童《じどう》が自殺《じさつ》するシーンがとられたビデオがある。これを見《み》た人間《にんげん》は、数日《すうじつ》のうちに必《かなら》ず死《し》ぬ。

6 プールに赤《あか》い文字《もじ》がうかびあがることがある。

7 ある教室《きょうしつ》の後《うし》ろのとびらが、四次元空間《よじげんくうかん》につながることがある。それをくぐった人《ひと》は行方《ゆくえ》不明《ふめい》になってしまう。

第六章《だいろくしょう》

動物《どうぶつ》だって……

アニマルホラー

どんな生《い》き物《もの》も魂《たましい》を持《も》っている。だから、この世《よ》に未練《みれん》がある死《し》んだ動物《どうぶつ》は人間同様《にんげんどうよう》、霊《れい》となって現《あらわ》れる!!

おばあちゃんと三郎太《さぶろうた》 大《おお》きくなれよ（北海道《ほっかいどう》）

これはボクのおばあちゃんと、うちで飼《か》っていた犬《いぬ》の三郎太《さぶろうた》の話《はなし》です。まだボクの生《う》まれる前《まえ》のことですが、駅前《えきまえ》に捨《す》てられていた子犬《こいぬ》の三郎太《さぶろうた》を拾《ひろ》ってきて、飼《か》うことにしたのはおばあちゃんだったそうです。ボクが大《おお》きくなってからも、おばあちゃんと三郎太《さぶろうた》はいつもいっしょでした。ここ数年《すうねん》、おばあちゃんは年《とし》を取《と》ったせいか物忘《ものわす》れがひどくなり、ふらふらとどこかに出《で》かけては迷子《まいご》になってしまうことも多《おお》かったのですが、そんなときおばあちゃんを連《つ》れて帰《かえ》ってくるのは、いつも三郎太《さぶろうた》でした。

お母《かあ》さんは、えらいえらいと三郎太《さぶろうた》の頭《あたま》をなでてやりながら、「三郎太《さぶろうた》はおばあちゃんに育《そだ》てられたから、親孝行《おやこうこう》しているつもりかもしれないね。三郎太《さぶろうた》がいればおばあちゃんも安心《あんしん》だね」と、感心《かんしん》していました。

その三郎太《さぶろうた》が去年《きょねん》、ねむるように死《し》んでしまいました。犬《いぬ》にしては長生《ながい》きの、18年《ねん》の一生《いっしょう》でした。三郎太《さぶろうた》の死《し》をだれより悲《かな》しんだのは、もちろんおばあちゃんです。けれど次《つぎ》の日《ひ》になると、おばあちゃんは三郎太《さぶろうた》が死《し》んだことを忘《わす》れてしまっていました。それからおばあちゃんは「三郎太《さぶろうた》、どこだい三郎太《さぶろうた》」とよびながら、毎日毎日《まいにちまいにち》、三郎太《さぶろうた》の姿《すがた》を探《さが》すようになったのです。

そして、三郎太《さぶろうた》が死《し》んで最初《さいしょ》の冬《ふゆ》のこと。風《かぜ》のふきつける寒《さむ》い日《ひ》に、おばあちゃんは、ふらりといなくなってしまいました。ボクたちはあわてておばあちゃんを探《さが》しにいきました。寒《さむ》いのに、おばあちゃんのコートはかべのハンガー

にかかったまま。警察《けいさつ》や消防団《しょうぼうだん》の人《ひと》たちにも連絡《れんらく》して、探《さが》してもらいましたが、夜《よる》になっても見《み》つかりません。雪《ゆき》もちらちらとふり始《はじ》め、おばあちゃんがこごえ死《じ》にしてしまう心配《しんぱい》もありました。

結局《けっきょく》、おばあちゃんが見《み》つかったと警察《けいさつ》から電話《でんわ》があったのは、もう夜《よる》が明《あ》けるころでした。ところが、ボクたち家族《かぞく》が警察《けいさつ》にかけつけてみると、おばあちゃんはみんなの心配《しんぱい》をよそに元気《げんき》な顔《かお》で笑《わら》っていたんです。かぜをひいた様《よう》子《す》もありませんでした。警察《けいさつ》の人《ひと》

の話《はなし》では、おばあちゃんは公園《こうえん》のベンチに座《すわ》っていたそうです。お母《かあ》さんがおばあちゃんにだいじょうぶだったのかたずねると、「三《さぶ》郎太《ろうた》がいっしょにいて、ずっとあたためてくれたから平気《へいき》だったよ。あの子《こ》は優《やさ》しいからねえ」と言《い》います。顔《かお》を見《み》あわせた大人《おとな》たちは、野良犬《のらいぬ》でも見《み》つけて、だいていたんだろうとひそひそ言《い》いあって納《なっ》得《とく》していました。

けれどボクは信《しん》じています。三《さぶ》郎太《ろうた》は今《いま》でも、大好《だいす》きなおばあちゃんを見守《みまも》っているのだと。

学校《がっこう》の池《いけ》にいた人面魚《じんめんぎょ》のうらみ　ゴメンナサイ（愛媛県《えひめけん》）

みなさん、ボクのおそろしい話《はなし》を聞《き》いてください。話《はな》さないと、こわくてたまらないのです。ボクの小学校《しょうがっこう》の中庭《なかにわ》には池《いけ》があり、コイが飼《か》われています。その池《いけ》に、ボクたちのグループのDくんが石《いし》を投《な》げたのが始《はじ》まりでした。Dくんの投《な》げた石《いし》は、みごとにコイに命中《めいちゅう》。当《あ》たりどころが悪《わる》かったのかコイは死《し》んでしまいました。白《しろ》い腹《はら》を見《み》せてうきあがったコイにボクたちは大《おお》はしゃぎ。それからボクたちのなかで、この遊《あそ》びは〝コイ退治《たいじ》〟と名付《なづ》けられ大流行《だいりゅうこう》したのです。学校《がっこう》ではすぐにこの遊《あそ》びは禁止《きんし》され池《いけ》の横《よこ》にも〝投石禁止《とうせききんし》〟の札《ふだ》が立《た》てられました。でも、ボクたちは先生《せんせい》の目《め》を盗《ぬす》んでは、だれが何回命中《なんかいめいちゅう》したか記録《きろく》し、今週《こんしゅう》の優勝《ゆうしょう》はだれだなんて楽《たの》しんでいました。

ある日《ひ》の放課後《ほうかご》、負《ま》けばかりだったTくんが、ふざけて人《ひと》の頭《あたま》ほどもある大《おお》きな石《いし》を持《も》ち上《あ》げ、池《いけ》に投《な》げこんだのです。ドボンと大《おお》きな水音《みずおと》を立《た》てて池《いけ》へ落《お》ちた石《いし》は水底《みずそこ》のどろを巻《ま》きあげ、池《いけ》のなかは何《なに》も見《み》えなくなりました。

「これでオレの優勝《ゆうしょう》だ！　コイども全滅《ぜんめつ》だぜ」とTくんが勝《か》ちほこったとき、どろのなかから大《おお》きなコイがうかんできました。見《み》れば体《からだ》はコイですが顔《かお》は人間《にんげん》のもの、そのコイは人面魚《じんめんぎょ》だったのです！　そして人面魚《じんめんぎょ》は言《い》いました。

「……お前《まえ》たち、ゆるさない」

ボクたちは悲鳴《ひめい》をあげて逃《に》げ出《だ》しましたがむだでした。その後《ご》、Tくんは事故《じこ》にあい、Dくんも原《げん》因《いん》不明《ふめい》の病気《びょうき》にかかるなど、みんなひどい目《め》にあい……あとはボク一人《ひとり》。だれかボクを助《たす》けてください。

マリの鳴《な》き声《ごえ》

元気娘《げんきむすめ》。(熊本県《くまもとけん》)

　私《わたし》は毎日《まいにち》、お母《かあ》さんの手伝《てつだ》いで近所《きんじょ》のコインランドリーに行《い》きます。塾《じゅく》が終《お》わってからなので、時間《じかん》はたいてい夜《よる》。ある日《ひ》、せんたくきをセットすると、ネコの鳴《な》き声《ごえ》がしました。見《み》ればコインランドリーのすみっこで、こちらに背《せ》を向《む》けて、うずくまっているネコがいます。首輪《くびわ》をしているところをみると、飼《か》いネコのようでした。私《わたし》はネコ好《ず》きで、今《いま》住《す》んでいるアパートでは飼《か》えませんが、いつか飼《か》えるようになったら、マリという名前《なまえ》で飼《か》おうと決《き》めているほどです。私《わたし》はネコのほうへと行《い》き、だきあげました。ニャーと鳴《な》いたネコの顔《かお》を見《み》て、私《わたし》はビックリしました。とてもかわいいネコでしたが、病気《びょうき》にでもなったのでしょうか、片目《かため》がつぶれてしまっていたのです。

　その日《ひ》、私《わたし》はせんたくが終《お》わるまで、ずっとネコをだいていてやりました。せんたくが終《お》わって私《わたし》が帰《かえ》るときになっても、ネコはコインランドリーから動《うご》きません。私《わたし》は名前《なまえ》の分《わ》からないそのネコをマリとよぶことに決《き》めると、

「さよなら、マリ。また明日《あした》ね」

と声《こえ》をかけて帰《かえ》りました。

次《つぎ》の日《ひ》、せんたくに行《い》くとマリはまだ同《おな》じ場所《ばしょ》にいました。そんな予感《よかん》がしていた私《わたし》は、マリにあげようと思《おも》って牛乳《ぎゅうにゅう》とパンを持《も》ってきていました。私《わたし》がちぎってあげたパンとお皿《さら》に入《い》れた牛乳《ぎゅうにゅう》を、マリはあっという間《ま》に食《た》べてしまいました。お腹《なか》がすいていたのでしょう。帰《かえ》らずにいたことを思《おも》えば、つぶれた片目《かため》のせいで捨《す》てられたのかもしれません。それから私《わたし》は毎日《まいにち》マリに食《た》べ物《もの》を持《も》ってい

きました。ところが半月《はんつき》ほどして、マリはいなくなったのです。ぐうぜん聞《き》いたうわさ話《ばなし》では、「あの気持《きも》ち悪《わる》いネコ、保健所《ほけんじょ》につれていかれて殺《ころ》されたんだってね」と言《い》われていました。私《わたし》はなみだが止《と》まりませんでした。

それから何日《なんにち》かたって、いつものようにせんたくをしていると、ネコの鳴《な》き声《ごえ》がしました。鳴《な》き声《ごえ》のしたほうを見《み》ると、コインランドリー前《まえ》の道路《どうろ》には、懐《なつ》かしいマリの姿《すがた》が。（生《い》きていたんだ……！）私《わたし》は思《おも》わずコインランドリーを飛《と》び出《だ》してかけよりました。すると、マリはおにごっこをするかのようにするりと逃《に》げたため、私《わたし》はマリを追《お》いかけたのです。そのとき、少《すこ》し行《い》ったところで、後《うし》ろからドーンとすごい音《おと》が聞《き》こえてきました。と、同時《どうじ》にマリの姿《すがた》がふっとかき消《き》えたのです。私《わたし》はびっくりしながらも、音《おと》がしたほうをふりむくと、コインランドリーにトラックがぶつかっていました。あとから聞《き》いた話《はなし》では、よっぱらい運転《うんてん》による事故《じこ》だったそうです。

あれは多分《たぶん》、マリの霊《れい》だったのでしょう。マリは私《わたし》を事故現場《じこげんば》から遠《とお》ざけるために、現《あらわ》れてくれたのだと思《おも》います。

オラが学校《がっこう》の七不思議《ななふしぎ》発表会《はっぴょうかい》 四《よん》

岡山県《おかやまけん》
M小学校《しょうがっこう》
フリーキック

1 22時《じ》22分《ふん》22秒《びょう》ちょうどに池《いけ》をのぞくと、悪魔《あくま》が出《で》てきて地獄《じごく》につれていかれる。

2 学校《がっこう》にある公衆電話《こうしゅうでんわ》で秘密《ひみつ》の電話番号《でんわばんごう》に電話《でんわ》すると、死《し》んだ人《ひと》と話《はな》せる。ただし、秘密《ひみつ》の番号《ばんごう》はだれも知《し》らない。

3 音楽室《おんがくしつ》のピアノが、ひとりでに鳴《な》り出《だ》す。

4 桜並木《さくらなみき》で、花《はな》の色《いろ》が一番《いちばん》あざやかな木《き》の下《した》には死体《したい》がうめられている。

5 昔《むかし》、プールでおぼれ死《し》んだ子《こ》の霊《れい》が現《あらわ》れる。そのあとには必《かなら》ず水《みず》たまりができている。

6 大雨《おおあめ》の日《ひ》の夜《よる》、体育館《たいいくかん》に行《い》くと、だれもいないのにボールをつく音《おと》が聞《き》こえてくる。

7 ズル休《やす》みをして保健室《ほけんしつ》でねていると、まくらもとに幽霊《ゆうれい》が現《あらわ》れて起《お》こされる。

第七章《だいななしょう》

信《しん》じる？　信《しん》じない？
マジこわ都《と》市《し》伝《でん》説《せつ》

ワシの名《な》は、都《と》市《し》伝《でん》説《せつ》男《だん》爵《しゃく》。これから、我《わ》が付《つ》き人《びと》とともに、極上《ごくじょう》にこわい都《と》市《し》伝《でん》説《せつ》を紹介《しょうかい》しよう……。

告白《こくはく》成功率《せいこうりつ》十割《じゅうわり》をほこるビックリ公衆電話《こうしゅうでんわ》

とある場所《ばしょ》には、金色《きんいろ》の公衆電話《こうしゅうでんわ》が設置《せっち》されているという。その公衆電話《こうしゅうでんわ》から、片想《かたおも》いをしている相手《あいて》に〝ギザ10〟で電話《でんわ》をかけて、愛《あい》の告白《こくはく》をすれば、100%の確率《かくりつ》で両想《りょうおも》いになれるのじゃ！

ちなみに〝ギザ10〟というのは、ふちにギザギザが入《はい》っている昔《むかし》の10円玉《えんだま》のこと。今《いま》でも使《つか》われているので、探《さが》してみるといいぞ。

逆《ぎゃく》に、必《かなら》ず別《わか》れてしまうという都市伝説《としでんせつ》もあるわ。ある公園《こうえん》のなかには池《いけ》があって、ボートに乗《の》れるそうよ。だけど、そこでボートに乗《の》ったカップルは、絶対《ぜったい》に別《わか》れてしまうの。この都市伝説《としでんせつ》から、〝ギザ10〟で電話《でんわ》をかけると両想《りょうおも》いになれる、ボートに乗《の》るデートをさせれば別《わか》れさせられるというおまじないができているわ……。

番組中《ばんぐみちゅう》に生首《なまくび》の目《め》が開《ひら》いた掛《か》け軸《じく》

テレビのワイドショーである掛《か》け軸《じく》が紹介《しょうかい》されたときのことじゃ。その掛《か》け軸《じく》には両目《りょうめ》ともつぶったお侍《さむらい》の生《なま》首《くび》が描《えが》かれており、心霊現象《しんれいげんしょう》が起《お》きるというふれこみじゃった。そして、ワイドショーの放映中《ほうえいちゅう》、テレビ局《きょく》に見《み》ている人《ひと》からの電話《でんわ》がかかってきた。

電話《でんわ》の主《ぬし》は、なんと、掛《か》け軸《じく》に描《えが》かれている生首《なまくび》の目《め》が開《ひら》いたのを見《み》たというのじゃ。しかも、それを見《み》たというのは、一人《ひとり》や二人《ふたり》どころではない。挙《あ》げ句《く》の果《は》てに、この話《はなし》は新聞《しんぶん》でも取《と》りあげられるほどの反響《はんきょう》をよんだのじゃ。

この掛《か》け軸《じく》のほかにも、自殺《じさつ》したアイドルの霊《れい》が歌番組《うたばんぐみ》の放映中《ほうえいちゅう》に現《あらわ》れたのを見《み》たという話《はなし》がある。

お主《ぬし》もテレビばかり見《み》ていると、いつの日《ひ》か画面《がめん》にうつった霊《れい》の姿《すがた》を目撃《もくげき》してしまうかもしれんのう。

学問《がくもん》の神様《かみさま》・菅原道真《すがわらのみちざね》の呪《のろ》い

お主《ぬし》に兄《あに》や姉《あね》がおるか、中学受験《ちゅうがくじゅけん》をするつもりなら、知《し》っておるかもしれんのう、学問《がくもん》の神様《かみさま》・菅《すが》原道真《わらのみちざね》のことを。そして、彼《かれ》の伝《でん》説《せつ》のことをな……。

道真《みちざね》は平安時代《へいあんじだい》の政《せい》治家《じか》で、頭《あたま》がすごくよかったわ。だから、そのときの天皇《てんのう》から気《き》に入《い》られて、どんどんえらくなっていったの。

道真《みちざね》は大臣《だいじん》にまでなったんじゃが、あまりに出世《しゅっせ》したから、ライバルにねたまれてのう……。ワナにはめられ、無実《むじつ》の罪《つみ》で京《きょう》の都《みやこ》から追《お》い出《だ》されてしまったのじゃ。

道真《みちざね》が飛《と》ばされた先《さき》は、九州《きゅうしゅう》の太宰府《だざいふ》。今《いま》の福岡県《ふくおかけん》がある場所《ばしょ》ね。道真《みちざね》は二度《にど》と都《みやこ》にもどることなく、ここで死《し》んでしまったわ……。

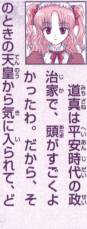

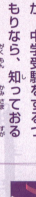

そして、道真《みちざね》がなくなったあと、都《みやこ》では、会議中《かいぎちゅう》のご殿《てん》に雷《かみなり》が落《お》ちるなど、悪《わる》いできごとが次々《つぎつぎ》と起《お》こったんじゃっ!!

都《みやこ》の人々《ひとびと》は、これを道真《みちざね》の怨霊《おんりょう》のたたりだとおそれたわ。そのため、道真《みちざね》は雷《かみなり》の神様《かみさま》〝天神様《てんじんさま》〟としてあがめられるようになったのよ。頭《あたま》がよかったことから、いつの間《ま》にか、学問《がくもん》の神様《かみさま》にもなっちゃったんだけどね。

このほか、道真《みちざね》が生《い》きていたころのふしぎな現象《げんしょう》も言《い》い伝《つた》えられておる。都《みやこ》にいたとき、道真《みちざね》の家《いえ》には梅《うめ》が植《う》わっておった。道真《みちざね》が都《みやこ》をはなれる際《さい》、その梅《うめ》に対《たい》する歌《うた》をよんだところ、梅《うめ》の枝《えだ》があとを追《お》うように、一夜《いちや》で太宰府《だざいふ》まで飛《と》んできたという話《はなし》じゃ。

これは〝飛梅伝説《とびうめでんせつ》〟とよばれ、飛《と》んできたという梅《うめ》の枝《えだ》は、今《いま》でも太宰府《だざいふ》に残《のこ》っているわよ。

これだから最近《さいきん》の若《わか》い者《もん》は……

健康《けんこう》ブームのせいか、ビタミン入《い》りサプリメントを飲《の》んだり、〝○○にきく〟とテレビや雑誌《ざっし》で紹介《しょうかい》されたものを食《た》べる人間《にんげん》が増《ふ》えたのう。じゃが、そんなことより、もっと気《き》にしたほうがいいことがあるのじゃ……。

それを教《おし》えてくれる都市伝説《としでんせつ》を紹《しょう》介《かい》してやろうかのう。

コンビニエンスストアなどの食《た》べ物《もの》には、防腐剤《ぼうふざい》とよばれる薬《くすり》が入《はい》っていることがある。この薬《くすり》には食《た》べ物《もの》をくさりにくくする効果《こうか》があるんじゃ。そして、この薬《くすり》が入《はい》った食《た》べ物《もの》を多《おお》く食《た》べている最《さい》近《きん》の若《わか》い者《もん》たちは、死《し》んだあとも体《からだ》がくさりにくくなっておるらしい。防腐剤《ぼうふざい》が体《からだ》のなかに、たまっていっておるからじゃ。

お主《ぬし》も防腐剤《ぼうふざい》が入《はい》っているようなものばかり、食《く》っとらんで、ちゃんと家《いえ》でご飯《はん》を食《た》べるのじゃぞ。

あなたが両想《りょうおも》いになれる確率《かくりつ》は……

キップを買《か》ったとき、そのスミを見《み》てみて。どんなキップにも4ケタの数字《すうじ》が書《か》かれているはず。この数字《すうじ》の両《りょう》はしが同《おな》じ数字《すうじ》だった場合《ばあい》、それは〝両想《りょうおも》いキップ〟よ。

〝両想《りょうおも》いキップ〟は、あなたが今《いま》好《す》きな人《ひと》と両想《りょうおも》いになれる確率《かくりつ》を教《おし》えてくれるキップなの。両《りょう》はしの同《おな》じ数字《すうじ》にはさまれた2ケタの数《すう》字《じ》が、その確率《かくりつ》を表《あらわ》しているわ。

1991とかなら、99%《パーセント》だからあなたが両想《りょうおも》いになれる確率《かくりつ》はすごく高《たか》いわね。逆《ぎゃく》に4074とかだと両想《りょうおも》いになれる可能性《かのうせい》は7%《パーセント》。ちょっと難《むずか》しいかも……。

でも、安心《あんしん》して。確率《かくりつ》が低《ひく》くても、両想《りょうおも》いになれるおまじないがあるの。それは〝両想《りょうおも》いキップ〟をたくさん集《あつ》めること。キップは駅《えき》員《いん》さんに言《い》って〝無効《むこう》〟のハンコを押《お》してもらえば、持《も》ち帰《かえ》られるわよ。

禁断《きんだん》の兵器《へいき》……地震発生装置《じしんはっせいそうち》

日本《にほん》は地震《じしん》が多《おお》い国《くに》じゃ。関東《かんとう》大震災《だいしんさい》も近《ちか》い将来《しょうらい》必《かなら》ず起《お》こると言《い》われておるしのう。そんな地震《じしん》に関《かん》する都市伝説《としでんせつ》を紹介《しょうかい》しよう。

ここ数年《すうねん》、世界中《せかいじゅう》で地震《じしん》の災害《さいがい》が起《お》きているが、ある国《くに》の仕業《しわざ》なのではないかと言《い》われておる。

なぜ、地震《じしん》なのに国《くに》の仕業《しわざ》なのか……。それは、その国《くに》が地震発《じしんはっ》生装置《せいそうち》を開発《かいはつ》したといううわさがあるからなのじゃ！

指定《してい》した場所《ばしょ》に大地震《だいじしん》を起《お》こす……。実際《じっさい》にあったとしたら、こんなにおそろしい兵器《へいき》はない。敵《てき》国《こく》に大《おお》きな被害《ひがい》を与《あた》えられるうえ、戦争《せんそう》をしかけていることに気付《きづ》かれないのじゃからのう。また、敵《てき》国《こく》で地震《じしん》を発生《はっせい》させなくとも、その近《ちか》くの海《うみ》で発生《はっせい》させたらどうなるか……。そう言《い》えば、何年《なんねん》か前《まえ》に、大津波《おおつなみ》の被害《ひがい》にあった国《くに》があったかのう。

地震《じしん》に関《かん》する都市伝説《としでんせつ》はほかにもあるのよ。地震《じしん》が多《おお》い日本《にほん》では、地震予知《じしんよち》の研究《けんきゅう》が進《すす》められているわ。そして、その技術《ぎじゅつ》はすでに実現《じつげん》されているといううわさがあるの。

実際《じっさい》、ある大地震《だいじしん》が発生《はっせい》する直前《ちょくぜん》に、こんな話《はなし》があったそうよ。

地震《じしん》の研究《けんきゅう》で有名《ゆうめい》な博士《はかせ》が、突然《とつぜん》、いなくなった。心配《しんぱい》した家族《かぞく》はあちこち探《さが》しまわったけど、結局《けっきょく》見《み》つからない。そこで、手《て》がかりになるものはないかと、博士《はかせ》の部屋《へや》を整理《せいり》したの。すると、かんたんに手《て》がかりが見《み》つかった。それは、博士《はかせ》の机《つくえ》の引《ひ》き出《だ》しに入《はい》っていた1枚《まい》の紙切《かみき》れ。そこには、こう書《か》かれていたそうよ……。

〝○○地方《ちほう》からはなれろ〟って。

では、なぜ予知技術《よちぎじゅつ》は公表《こうひょう》されないのか。それは、大地震《だいじしん》の発生《はっせい》をみんなが知《し》ったら、国中《くにじゅう》パニックになってしまうから、と言《い》われているわ。博士《はかせ》もそう思《おも》ったから、家族《かぞく》にはなれろとしか伝《つた》えずにいなくなったのかもね。

子《こ》どもは見《み》えていた……

仲《なか》の悪《わる》い夫《ふう》婦《ふ》がおり、いつもケンカしておった。二人《ふたり》の間《あいだ》には、まだおさない男《おとこ》の子《こ》がおったんじゃが、ついに離《り》婚《こん》が決《けっ》定《てい》。しかし、それから数《すう》日《じつ》後《ご》。口《くち》ゲンカの際《さい》にカッとなった男《おとこ》は、あやまって妻《つま》を殺《ころ》してしまったんじゃ……。

男《おとこ》はバレるのをおそれ、死《し》体《たい》を近《ちか》くの裏《うら》山《やま》にうめると、妻《つま》は実《じっ》家《か》に帰《かえ》ったことにした。

しばらくたったある日《ひ》、母《はは》親《おや》がいないのに、我《わ》が子《こ》がさびしがらないことをふしぎに思《おも》った男《おとこ》は、さびしくないのか聞《き》いてみたんじゃ。すると、男《おとこ》の子《こ》は「さびしくないよ。だって、ママは、ずっとパパの背《せ》中《なか》にだきついてるじゃない！」と答《こた》えたという。

男《おとこ》には見《み》えていなかったが、子《こ》どもには母《はは》親《おや》の霊《れい》がいつも見《み》えておったんじゃな……。

耳《みみ》かじり女《おんな》

あなたは、大人《おとな》になったらピアスを付《つ》けたいと思《おも》ったことはないかしら？ もし、実際《じっさい》に付《つ》けたら、耳《みみ》かじり女《おんな》には注意《ちゅうい》してね。

耳《みみ》かじり女《おんな》は、人《ひと》に会《あ》うたびに「あなた、ピアスしている？」と聞《き》いてくるわ。そして、YES《イエス》と答《こた》えられた場合《ばあい》、耳《みみ》かじり女《おんな》はその人《ひと》のピアスを耳《みみ》ごとかみちぎって、持《も》っていってしまうのよ。

樹海《じゅかい》の修行僧《しゅぎょうそう》

これは自殺《じさつ》の名所《めいしょ》として有名《ゆうめい》な樹海《じゅかい》にいると言《い》われておる修行僧《しゅぎょうそう》の話《はなし》じゃ。その修行僧《しゅぎょうそう》は樹海《じゅかい》のなかに住《す》んでおり、自殺《じさつ》しようと樹《じゅ》海《かい》にふみこんできた者《もの》を見《み》つけると、自殺《じさつ》をやめるように説得《せっとく》するらしい。自殺《じさつ》なんぞしても、いいことは何《なに》もないからのう……。お主《ぬし》らもバカなことは考《かんが》えずに、がんばって生《い》きていくんじゃぞ！

この都市伝説《とし》《せんせつ》を知《し》ってしまったら……

この話《はなし》を紹介《しょうかい》する前《まえ》に、一《ひと》つ忠告《ちゅうこく》しておこう。これを読《よ》み終《お》わったなら、お主《ぬし》の前《まえ》にカシマさんが現《あらわ》れるかもしれないことを……。

昔《むかし》、カシマさんという女性《じょせい》がいた。彼女《かのじょ》は電車《でんしゃ》にはねられて、死《し》んでしまうの。事故現場《じこげんば》は血《ち》の海《うみ》で、バラバラになったカシマさんの死体《したい》が散《ち》らばっていたそうよ。

そのとき、鉄道会社《てつどうがいしゃ》の人《ひと》や警察《けいさつ》が、事故現場《じこげんば》を調査《ちょうさ》したんじゃが、どうしてもカシマさんの両足《りょうあし》だけが、見《み》つからなかった……。

それからというもの夜《よる》になると、事故現場《じこげんば》には、自分《じぶん》の足《あし》を探《さが》すカシマさんの霊《れい》が現《あらわ》れるようになったのよ。もちろん、カシマさんの霊《れい》に足《あし》はないわ。

話《はなし》はこれだけではない……。なんと、この話《はなし》を教《おし》えた者《もの》の前《まえ》にはカシマさんが現《あらわ》れるというのじゃ。

カシマさんが現《あらわ》れる時間《じかん》は夜《よる》。そして、話《はなし》をした人間《にんげん》に「足《あし》はいるか？」とたずねてくるそうよ。

ここで「いらない」と言《い》ってはいかん。もし、そう答《こた》えると、足《あし》をもぎとられてしまうのじゃ！

おまけにカシマさんはこの話《はなし》を知《し》った人《ひと》のところにも現《あらわ》れるそうよ。そう、あなたの前《まえ》にもね……。

じゃが、安心《あんしん》していいぞ。ワシがカシマさんが来《き》たときの対処法《たいしょほう》を教《おし》えてやろう。カシマさんがやってきたら、目《め》をとじずに「カシマさん」と3回《かい》となえるのじゃ。さすればカシマさんは何《なに》もせずに帰《かえ》っていくぞ。まちがっても「いらない」と言《い》わんようにのう……。

ドッペルゲンガーを見《み》てしまったら……

　あなたは自《じ》分《ぶん》とそっくりな顔《かお》の人間《にんげん》を見《み》たことあるかしら？　見《み》たことがあれば、それはドッペルゲンガーかもしれないわね。

　ドッペルゲンガーはドイツ語《ご》で〝二重《にじゅう》に歩《ある》く者《もの》〟という意味《いみ》の言葉《ことば》よ。分《わ》かりやすく言《い》えば、分身《ぶんしん》のことね。そして、自分《じぶん》の分身《ぶんしん》であるドッペルゲンガーを見《み》た人間《にんげん》は、それから間《ま》もなくして死《し》んでしまうと言《い》われているの……。

　ちなみにドッペルゲンガーは世《せ》界中《かいじゅう》で目撃《もくげき》されていて、アメリカの大統領《だいとうりょう》や日本《にほん》の小説家《しょうせつか》で、これを見《み》たという人《ひと》もいるそうよ。

　もし、まわりの友《とも》だちから、あなたがいなかったはずの場所《ばしょ》であなたを見《み》かけたと言《い》われたら、注《ちゅう》意《い》したほうがいいかもね。あなたのドッペルゲンガーが、近《ちか》くに来《き》ているのかもしれないから……。

勝手《かって》に持《も》ち帰《かえ》ってはダメ！

とある悪《わる》ガキどもが、つぶれた病院《びょういん》できもだめしをしたときの話《はなし》じゃ。どれだけ歩《ある》いても、何《なに》も起《お》きず、つまらなくなった悪《わる》ガキどもは、家《いえ》に帰《かえ》ることにした。じゃが、悪《わる》ガキの一人《ひとり》は、そのあとこっそり廃病院《はいびょういん》にもどると、話《はなし》のネタになるかと思《おも》い、落《お》ちていたカルテを持《も》ち帰《かえ》ったんじゃよ……。

　数時間後《すうじかんご》、その悪《わる》ガキが家《いえ》でゴロゴロしておると、電話《でんわ》がかかってきたことを母親《ははおや》が知《し》らせてくれた。だれからなのかを悪《わる》ガキが聞《き》くと、それはなんと、きもだめしをした病院《びょういん》からだったのじゃ。悪《わる》ガキは、仲間《なかま》のイタズラだと思《おも》って電話《でんわ》に出《で》た。すると「カルテを返《かえ》せ！」と突然《とつぜん》、どなられたんじゃ!!　カルテのことを仲間《なかま》たちは知《し》らない……。その電話《でんわ》の主《ぬし》は、廃病院《はいびょういん》の先生《せんせい》の霊《れい》だったんじゃよ。

あなたのデータは警察《けいさつ》に利用《りよう》されているかもしれない

あなた、スピード写真《しゃしん》って知ってる？　そう、大《おお》きなボックスのなかに入《はい》って、カーテンをしめて写真《しゃしん》をとるアレよ。

じゃあ、スピード写真《しゃしん》をとったときのデータは、そのあとどうなるかは知《し》ってるかしら……。

実《じつ》は、スピード写真《しゃしん》のデータは、警察《けいさつ》に渡《わた》されているといううわさがあるの。そして、事件《じけん》の犯人《はんにん》を探《さが》すときに使《つか》うモンタージュ写真《しゃしん》に利用《りよう》されているっていうのよ。

ちなみに、モンタージュ写真《しゃしん》とはいろいろな人《ひと》の顔《かお》のパーツをくっつけた合成写真《ごうせいしゃしん》のこと。

最近《さいきん》は写真《しゃしん》をとった瞬間《しゅんかん》に、インターネットを使《つか》ってデータが警《けい》察《さつ》に送《おく》られるようなスピード写真《しゃしん》もあると言《い》われているわ。もしかしたら、あなたのご両親《りょうしん》の顔《かお》の一《いち》部《ぶ》が、犯人《はんにん》のモンタージュ写真《しゃしん》に使《つか》われたこともあるかもね。

スピード写真《しゃしん》のほかにも、警察《けいさつ》が利用《りよう》している機械《きかい》があると言《い》われておる。それは……お主《ぬし》も使《つか》ったことがある電車《でんしゃ》の自動券売機《じどうけんばいき》じゃ！

自動券売機《じどうけんばいき》に金額《きんがく》が書《か》かれたパネルがあるじゃろう。うわさによると、そのパネルを押《お》すときに指《し》紋《もん》をとられているというのじゃ。

自動券売機《じどうけんばいき》には指名手配《しめいてはい》されている犯人《はんにん》の指紋《しもん》データが登録《とうろく》されていて、もし、犯人《はんにん》がパネルを押《お》したならば、すぐにコンピューターがチェック。そして、顔写真《かおじゃしん》をとられたのちに、警察《けいさつ》に通報《つうほう》される仕組《しく》みになっておるという。

お主《ぬし》はパネルを押《お》したときに、反応《はんのう》がなかったことはないかの？そのとき、指《ゆび》ではなく、つめで押《お》してはおらんかったか？これは指紋《しもん》のチェックをせずに切符《きっぷ》が買《か》われないよう、自動券売機《じどうけんばいき》が設定《せってい》されておるためだとか。

デジタル化《か》が進《すす》む現代社会《げんだいしゃかい》、お主《ぬし》の知《し》らんうちにデータをとられていることは、ほかにもあるかもしれんぞ……。

海《うみ》でケガをしたら……

海水浴中《かいすいよくちゅう》の男《おとこ》が岩場《いわば》にあがったとき、とがった岩《いわ》で足《あし》を切《き》ってしまった。男《おとこ》は仕方《しかた》なく家《いえ》に帰《かえ》り、傷口《きずぐち》を包帯《ほうたい》で巻《ま》くことにしたのじゃ。

それから数週間後《すうしゅうかんご》。足《あし》のケガはすっかり治《なお》ったというのに、いつまでもケガした部分《ぶぶん》の痛《いた》みが消《き》えない。しかも、じょじょにはれていっており、さわるとゴツゴツした感触《かんしょく》がする。心配《しんぱい》した男《おとこ》は、医《い》者《しゃ》にみてもらうことにした。

医者《いしゃ》もすぐには痛《いた》みの原因《げんいん》が分《わ》からず、レントゲン写真《しゃしん》をとることにした。そして、現像《げんぞう》された写《しゃ》真《しん》に写《うつ》っていたものは……、なんと、大量《たいりょう》のフジツボだったのじゃ。

どうやらケガした際《さい》に、傷口《きずぐち》から体内《たいない》にフジツボの卵《たまご》が入《はい》りこんで、それが成長《せいちょう》したために足《あし》が圧《あっ》迫《ぱく》され、痛《いた》んでいたらしい。

お主《ぬし》らも海《うみ》に行《い》く際《さい》は、ケガをせんように注意《ちゅうい》するのじゃぞ……。

だれもいないはずの部屋《へや》で感《かん》じる視線《しせん》……

ある男《おとこ》が自分《じぶん》の部屋《へや》に帰《かえ》って来《き》たところ、自分以外《じぶんいがい》だれもいないはずなのに、どこからか視線《しせん》を感《かん》じたの。最初《さいしょ》のうち、男《おとこ》は気《き》のせいだろうと、とくに気《き》にしなかったけど、本《ほん》を読《よ》んだり、テレビを見《み》ている間《あいだ》、ずっとだれかに見《み》られている感《かん》じがしたそうよ。

そのとき男《おとこ》は、ベッドの下《した》に殺人鬼《さつじんき》がひそんでいたという都市伝説《としでんせつ》を思《おも》い出《だ》した。いるわけないと思《おも》いはしたけれど、そろそろねようとしていたので、ねる前《まえ》にベッドの下《した》を確認《かくにん》してみたの。でも、ベッドの下《した》にはだれもいなかったわ。男《おとこ》は一安心《ひとあんしん》して、部屋《へや》の明《あ》かりを消《け》そうとした。そのとき、男《おとこ》は見《み》てしまったの。部屋《へや》にあるタンスと本《ほん》だなの間《あいだ》のわずかなすき間《ま》から、じっと男《おとこ》を見《み》つめる女《おんな》の目《め》がのぞいていたのを……。

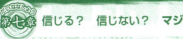

平将門《たいらのまさかど》の首《くび》塚《づか》

昔《むかし》、関東地方《かんとうちほう》に平将《たいらのまさ》門《かど》という武将《ぶしょう》がおった。彼《かれ》に関《かん》する都市伝説《としでんせつ》は

大昔《おおむかし》からあり、また、現代《げんだい》でも生《う》まれておるのじゃ。

本《ほん》を読《よ》んで知《し》っている人《ひと》もいると思《おも》うけど、将門《まさかど》が生《い》きていたのは、

今《いま》から1000年《ねん》以上《いじょう》も前《まえ》の平安《へいあん》時代《じだい》。彼《かれ》は京《きょう》の都《みやこ》にいる天皇《てんのう》に逆《さか》らったの。そして、天皇《てんのう》の部下《ぶか》との戦《たたか》いに負《ま》けて、死《し》んでしまったのよ……。

そのとき、将門《まさかど》に関《かん》する一《ひと》つ目《め》の都市伝説《としでんせつ》が生《う》まれておる。

戦死《せんし》した将門《まさかど》の首《くび》は、京《きょう》の都《みやこ》でさらし首《くび》とされた。そして、さらされてから3日目《かめ》の晩《ばん》、将門《まさかど》の首《くび》は宙《ちゅう》にうきあがると、自分《じぶん》のふるさとに向《む》かって飛《と》んでいったという。その後《ご》、首《くび》は落《お》ちた場所《ばしょ》にう

められ、お墓《はか》が作《つく》られた。お墓《はか》は〝将門《まさかど》の首塚《くびづか》〟とよばれ、あるおぼうさんが供養《くよう》するまで、数百年《すうひゃくねん》間《かん》、近《ちか》くに住《す》む人々《ひとびと》は将門《まさかど》の霊《れい》に苦《くる》しめられたと言《い》われておる。

〝将門《まさかど》の首塚《くびづか》〟にまつわる都市伝説《としでんせつ》は、これだけじゃないのよ。時《じ》代《だい》は変《か》わって、およそ100年前《ねんまえ》。関東大震災《かんとうだいしんさい》とよばれる大《おお》きな地震《じしん》が起《お》こったの。そのとき、〝将門《まさかど》の首塚《くびづか》〟がある場所《ばしょ》に、役所《やくしょ》が建《た》てられることになったわ。ところが、工事《こうじ》の人《ひと》や役所《やくしょ》の人《ひと》が次々《つぎつぎ》となぞの死《し》をとげたの。それで、役所《やくしょ》では将門《まさかど》のたたりがうわさされるようになったそうよ。

また第二次世界大戦《だいにじせかいたいせん》後《ご》、日本《にほん》に来《き》たアメリカ軍《ぐん》が〝将門《まさかど》の首塚《くびづか》〟のまわりを整備《せいび》しようとしたところ、工事中《こうじちゅう》の事故《じこ》で死者《ししゃ》が出《で》て、中止《ちゅうし》されることになっておる……。〝将門《まさかど》の首塚《くびづか》〟は今《いま》でも残《のこ》っておるが、おもしろ半分《はんぶん》で行《い》けば、お主《ぬし》もたたられてしまうかもな。

必《かなら》ずやせられるダイエット

どんなダイエット法《ほう》を試《ため》しても失《しっ》敗《ぱい》してしまう女性《じょせい》がいた。彼女《かのじょ》が色々《いろいろ》なHP《ホームページ》を見《み》ていたところ、そのなかの一《ひと》つで、こんな宣伝《せんでん》をされている薬《くすり》を見《み》つけたの。

〝いくら食《た》べてもやせられる薬《くすり》！〟

うたがいつつも、彼女《かのじょ》は薬《くすり》を買《か》ってみたわ。そして飲《の》み始《はじ》めてからというもの、どんなに食《た》べてもどんどん体重《たいじゅう》が減《へ》っていった。でも、同時《どうじ》に体調《たいちょう》が悪《わる》くなり、最後《さいご》にはガリガリになってしまったの。

不安《ふあん》になった彼女《かのじょ》は病院《びょういん》に行《い》ってみた。すると、おどろいた顔《かお》のお医者《いしゃ》さんに、こう言《い》われたのよ。

「一体《いったい》、何《なに》を食《た》べたんですか？ あなたの体《からだ》のなかには、大量《たいりょう》の寄生《きせい》虫《ちゅう》がいますよ!!」

実《じつ》は、薬《くすり》のなかには寄生虫《きせいちゅう》の卵《たまご》が入《はい》っていたの。彼女《かのじょ》が食《た》べた分《ぶん》の栄養《えいよう》を、寄生虫《きせいちゅう》が吸収《きゅうしゅう》していたから、やせられたのね……。

牛《うし》の首《くび》

お主《ぬし》は〝牛《うし》の首《くび》〟という話《はなし》を知《し》っておるか。この話《はなし》はあまりにおそろしく、知《し》ってしまったが最後《さいご》、その人間《にんげん》は死《し》んでしまうとか、異《い》世界《せかい》にひきこまれてしまうなど、様々《さまざま》なことが言《い》われておる。それゆえ、話《はなし》を知《し》る人間《にんげん》がだれもいないという。実際《じっさい》には話《はなし》の名前《なまえ》だけが一人《ひとり》歩《ある》きしているだけで、存在《そんざい》しないという説《せつ》もあるのじゃが……。

霊子《れいこ》の電話《でんわ》

090-####-####。不吉《ふきつ》な数字《すうじ》が並《なら》ぶこの番号《ばんごう》に電話《でんわ》をかけると、〝ボォー〟というぶきみな音《おと》が聞《き》こえてくるそうよ。そのため、だれが言《い》い出《だ》したか知《し》れないけど、〝霊子《れいこ》の電話《でんわ》〟と言《い》われているわ。ただ、電話《でんわ》をかけたあと、事故《じこ》にあったり、原因不明《げんいんふめい》の高熱《こうねつ》を発《はっ》した人《ひと》がいるというから、興味《きょうみ》本位《ほんい》ではかけないことね。

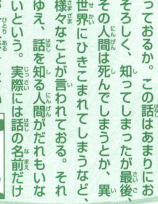

体《からだ》の一部《いちぶ》に顔《かお》がうき出《で》て……

顔《かお》が人間《にんげん》で人《ひと》の言葉《ことば》をしゃべる犬《いぬ》・人面犬《じんめんけん》は、わりとポピュラーな都市伝説《としでんせつ》じゃな。では、お主《ぬし》は人面瘡《じんめんそう》を知《し》っておるかの。

瘡《そう》というのは、はだにできるはれものやかさぶたのこと。そして、人面瘡《じんめんそう》は、体《からだ》の一部《いちぶ》がだんだんとはれていって人《ひと》の顔《かお》のようになると、最後《さいご》には口《くち》が開《ひら》いて言葉《ことば》をしゃべり出《だ》すというものなのじゃ。

この人面瘡《じんめんそう》ができた人間《にんげん》は、全《ぜん》国《こく》で何人《なんにん》もいると言《い》われておる。

彼《かれ》らは秘密《ひみつ》のうちに手術《しゅじゅつ》されて、人面瘡《じんめんそう》を切《き》り取《と》られてしまう。そして、切《き》り取《と》られた人面瘡《じんめんそう》は、ある大学《だいがく》の研究室《けんきゅうしつ》にホルマリン漬《づ》けで保存《ほぞん》されておるらしいのじゃ。

ちなみに、手術《しゅじゅつ》が秘密《ひみつ》に行《おこな》われるのは、そんな病気《びょうき》の存在《そんざい》を認《みと》めるわけにはいかないと国《くに》が判断《はんだん》したからとうわささされておるぞ……。

マスクを取《と》り
ふりむくと 女《おんな》は
耳《みみ》までさけた口《くち》で
こう言《い》った――
ワタシ…キレイ?
百《ひゃく》物《もの》語《がたり》
いないはずのだれか……
飛《ひ》鷹《だか》棗《なつめ》

ぎゃあぁあぁあああぁ
……
もうやだぁ～ やめようよ～
さぁこれで百話目《ひゃくわめ》が終《お》わったわよ！ 何《なに》が起《お》こるのかしらね～
な なんにも起《お》こるわけないだろ！
ボクたちは町内会《ちょうないかい》のイベントでお寺《てら》へ泊《と》まりの勉強会《べんきょうかい》に来《き》ていた――
オバケが出たりして
おどかすなよ！
トイレ…行きたいのに
お墓《はか》も近《ちか》いし だれかが百物語《ひゃくものがたり》をしようと言《い》い出《だ》したのだ
ハハ

教《おし》えてあげる
一人《ひとり》増《ふ》えてるのよ
百話目《ひゃくわめ》が終《お》わったとき
知《し》らないだれかが
増《ふ》えてるのに
みんな気《き》が付《つ》かないの
え？
変《へん》なこと
言《い》わないでよ…
六人《ろくにん》とも
同《おな》じ学校《がっこう》だよね？
六人《ろくにん》!?
ねえ…ボクたち
最初《さいしょ》から
六人《ろくにん》だっけ？

な…何《なに》言《い》ってんだよ！突然《とつぜん》一人《ひとり》増《ふ》えるわけないだろ？
でも…
学年《がくねん》は違《ちが》ってても近所《きんじょ》なんだし知《し》らない子《こ》なんて…
布団《ふとん》が〝五人分《ごにんぶん》〟しかないよ？
一人分《ひとりぶん》足《た》りない？
違《ちが》う一人《ひとり》多《おお》いんだっ！
やっぱり一人《ひとり》増《ふ》えてるんだよ！百物語《ひゃくものがたり》のせいだ

ちょっと待《ま》ってよく考《かんが》えてよ
もしも知《し》らないヤツがいたらフツー分《わ》かるし布団《ふとん》だってこっそり一組《ひとくみ》隠《かく》したんじゃない？
そーいやそうだよな…
でもそれが百物語《ひゃくものがたり》のフシギでしょ？
お前《まえ》…っふざけんのもいい加減《かげん》にしろよ
ちょっとやめなさいよ！

分《わ》かったぞ
お前《まえ》が〝いないはず〟のヤツだ
本気《ほんき》か？さっき全員《ぜんいん》同《おな》じ学校《がっこう》って確認《かくにん》しただろ？
こいつがオバケだからだ！
さっきから変《へん》なことばかり言《い》って

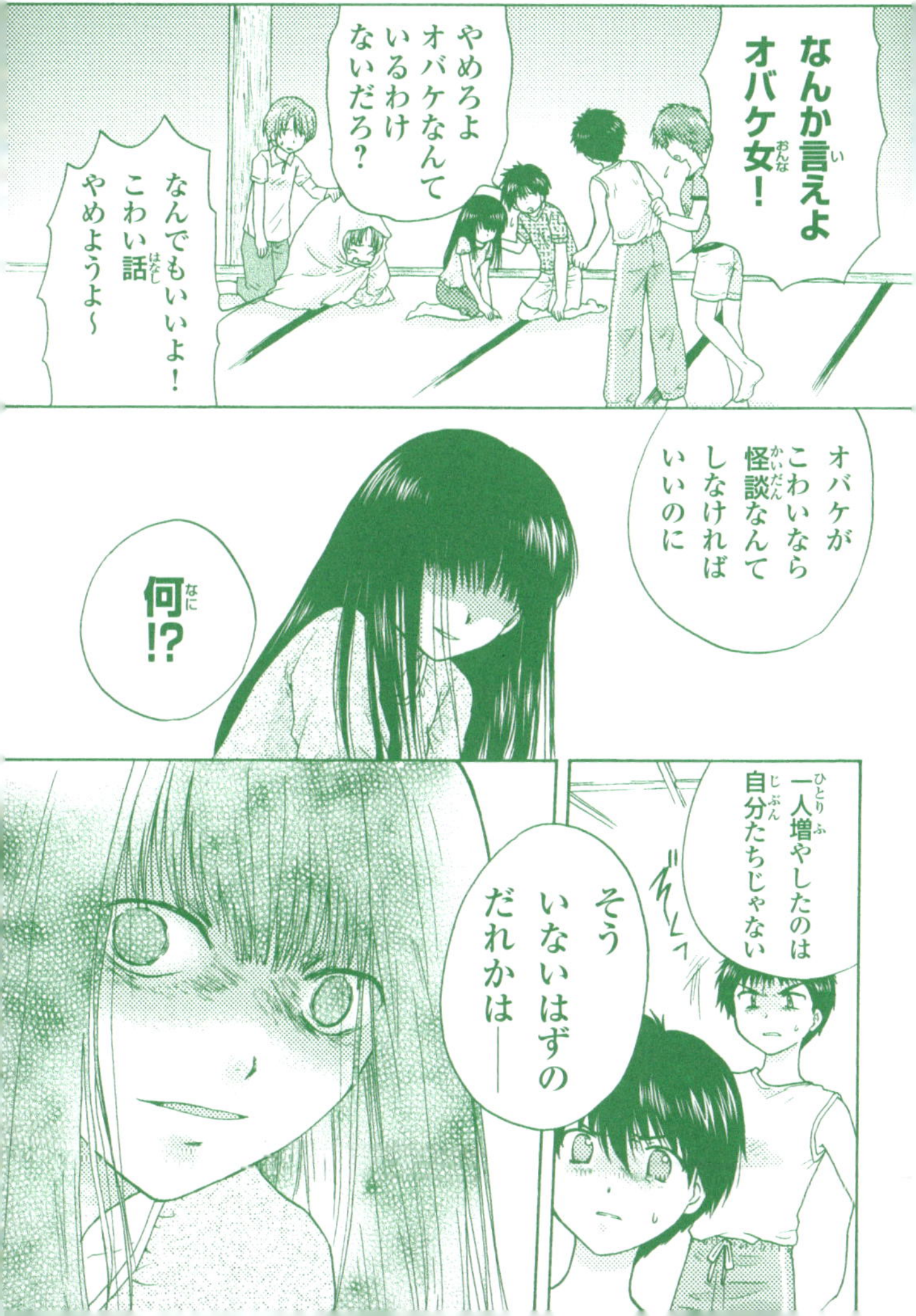
なんか言《い》えよオバケ女《おんな》！
やめろよオバケなんているわけないだろ？
なんでもいいよ！こわい話《はなし》やめようよ～
オバケがこわいなら怪談《かいだん》なんてしなければいいのに
何《なに》!?
一人《ひとり》増《ふ》やしたのは自分《じぶん》たちじゃない
そういないはずのだれかは――

喝《カッ》
こんなおそくまで何《なに》をさわいどるんじゃ！
ご…ごめんなさい 百物語《ひゃくものがたり》を話《はな》してたらケンカに――
やべ…
すッ
一《いち》…二《に》…三《さん》 ふむ 五人全員《ごにんぜんいん》いるようだな
え？

待《ま》って和尚《おしょう》さん！全部《ぜんぶ》で六人《ろくにん》じゃないの？ねえ！
すっ
早《はや》くねなさい！明日《あす》は五人《ごにん》とも罰《ばつ》としてぞうきんがけじゃ！
なんでボクまで…
五人《ごにん》!? なんで和尚《おしょう》さんにさわれないんだ？
えーめんどくせぇー
みんな さっきのこと もう忘《わす》れたみたいに仲《なか》よくしてる…
もうネムイよ ねていい～？
あんたが さわぐから
どうして――！
和尚《おしょう》さんは百物語《ひゃくものがたり》を全部《ぜんぶ》聞《き》いてないから
聞《き》いてた人《ひと》たちもいないはずのだれかが増《ふ》えても……
そして増《ふ》えた本人《ほんにん》もだれも…気《き》が付《つ》かない――

でもだれが本当《ほんとう》は
いないはずの人《ひと》か
分《わ》かったとき
百物語《ひゃくものがたり》は終《お》わる
――ありがとう
最後《さいご》まで
ボクのこと
おぼえて
いてくれて
百物語《ひゃくものがたり》――
最後《さいご》まで終《お》えると
いつの間《ま》にか一人《ひとり》
増《ふ》えているという物語《ものがたり》
その一人《ひとり》は
だれかが また
百物語《ひゃくものがたり》をするのを
待《ま》っているの
かもしれない……
なにブツブツ言ってんだよ？
別に
また何か見えるとか言わないでよ？
えっ!? やめてよ そういうの

第八章《だいはっしょう》

思《おも》わず爆笑《ばくしょう》！ お笑《わら》い都《と》市《し》伝《でん》説《せつ》

都市伝説《としでんせつ》には、思《おも》わず笑《わら》っちゃうマヌケなものもたくさんある！　ここでは爆笑必至《ばくしょうひっし》の都市伝説《としでんせつ》を披露《ひろう》するぞ!!

電《でん》波《ぱ》男《おとこ》

とある男《おとこ》が親《おや》の都合《つごう》で、テレビ塔《とう》の近《ちか》くにひっこすことになった。すると、テレビCM《コマーシャル》の夢《ゆめ》ばかりを見《み》るようになったという。

そして男《おとこ》が大学生《だいがくせい》になり、一人《ひとり》暮《ぐ》らしを始《はじ》めたときのこと。男《おとこ》は携帯電話《けいたいでんわ》を購入《こうにゅう》した。すると今度《こんど》は、知《し》らない人《ひと》から電話《でんわ》がかかってくる夢《ゆめ》を見《み》るようになった。しかも、まちがい電話《でんわ》だといくら言《い》っても、相手《あいて》は気《き》にせず、ずーっと話《はな》し続《つづ》けるのだそうな……。

ランニング幽霊《ゆうれい》

ある大学《だいがく》の寮《りょう》に幽霊《ゆうれい》が現《あらわ》れた。その幽霊《ゆうれい》は深夜《しんや》、寮内《りょうない》を走《はし》り続《つづ》け、ねている学生《がくせい》がいてもかまわずふんづけていく。こまった学生《がくせい》たちが調《しら》べてみると、マラソン大会中《たいかいちゅう》、ゴール直前《ちょくぜん》に死亡《しぼう》した陸上部員《りくじょうぶいん》がいたことが分《わ》かった。そこで学生《がくせい》たちは幽霊《ゆうれい》のコース上《じょう》に白《しろ》いテープを張《は》ってみた。すると、テープを切《き》った瞬間《しゅんかん》、幽霊《ゆうれい》は成仏《じょうぶつ》。その光景《こうけい》に、学生《がくせい》たちは泣《な》きながら思《おも》わず拍手《はくしゅ》してしまったという……。

霊《れい》の捨《す》てゼリフ

ある男《おとこ》が目《め》をさますと、女《おんな》の霊《れい》が布団《ふとん》のまわりを歩《ある》きまわっていた。すると、男《おとこ》はすばやくふとんを部屋《へや》のすみに移動《いどう》。霊《れい》が歩《ある》けないようにすると、そのままねてしまった……。再《ふたた》び男《おとこ》が目《め》をさますと、女《おんな》の霊《れい》は泣《な》いていた。だが、男《おとこ》はこれを無視《むし》。すると、女《おんな》の霊《れい》は突然《とつぜん》、顔《かお》を近付《ちかづ》けて何《なに》か言《い》ったあとに姿《すがた》を消《け》した。男《おとこ》が語《かた》るには、口《くち》の動《うご》きから女《おんな》の霊《れい》は〝バカ〟と言《い》ったとしか思《おも》えなかったという。

マークシート方式《ほうしき》

マークシート方式《ほうしき》とは、いくつかの選択肢《せんたくし》のなかから正解《せいかい》を選《えら》び、その番号《ばんごう》をぬりつぶしていくというテストのやり方《かた》だ。これが大学《だいがく》受験《じゅけん》で使《つか》われるようになったばかりのころ。番号《ばんごう》を全部《ぜんぶ》ぬりつぶせば、正解《せいかい》しかチェックできないコンピューターは、満点《まんてん》と弾《はじ》き出《だ》すといううわさが広《ひろ》まる。これを信《しん》じたある男《おとこ》が、入学試験《にゅうがくしけん》で番号《ばんごう》を全部《ぜんぶ》ぬりつぶした。もちろん、結《けっ》果《か》は不合格《ふごうかく》である……。

おとなりさん家《ち》のネコ

ある男《おとこ》が散歩中《さんぽちゅう》に愛犬《あいけん》の首輪《くびわ》を外《はず》したところ、やぶから出《で》てきた愛犬《あいけん》はネコの死体《したい》をくわえていた。これに男《おとこ》はビックリ、ネコはおとなりさんが放《はな》し飼《が》いにしていたネコだったのだ。男《おとこ》はなんとかごまかそうと、ペットショップでよく似《に》たネコを探《さが》し、おとなりさん家《ち》の庭《にわ》に放《ほう》った。すると、おとなりさん家《ち》から悲鳴《ひめい》が聞《き》こえてきた。「死《し》んで裏山《うらやま》のやぶにうめたはずのネコが生《い》き返《かえ》るだなんて！」

10円《えん》ババア

ある男《おとこ》の近所《きんじょ》の公園《こうえん》には〝10円《えん》ババア〟とよばれる、池《いけ》に10円玉《えんだま》を投《な》げ続《つづ》けるおばあさんが出没《しゅつぼつ》するといううわさがあった。そして、男《おとこ》はついに〝10円《えん》ババア〟に出《で》くわす。男《おとこ》は勇気《ゆうき》をふりしぼり、10円玉《えんだま》を投《な》げ続《つづ》ける理由《りゆう》を聞《き》いてみることにした。すると「そこに書《か》いてあるじゃろ」と、すぐそばに立《た》っていた看板《かんばん》を指差《ゆびさ》された。そこにはこう書《か》かれていたという。

〝コイのえさ10円《えん》〟

全国各地《ぜんこくかくち》の七不思議《ななふしぎ》が大集合《だいしゅうごう》！

オラが学校《がっこう》の七不思議《ななふしぎ》発表会《はっぴょうかい》 五《ご》

徳島県《とくしまけん》
W小学校《しょうがっこう》
ブーちゃん

1 音楽室《おんがくしつ》にかざられているベートーベンの絵《え》が目《め》から血《ち》のなみだを流《なが》す。

2 満月《まんげつ》の夜《よる》、屋上《おくじょう》に行《い》くと幽霊《ゆうれい》に会《あ》える。

3 7日連続《かれんぞく》でチコクした人間《にんげん》は、チコク7日目《かめ》に校門《こうもん》を通《とお》ろうとした際《さい》、校門《こうもん》がひとりでにしまり、はさまれて死《し》んでしまう。

4 夜《よる》、高学年《こうがくねん》の児童《じどう》が使《つか》っている校舎《こうしゃ》の4階《かい》のかべから、たくさんの手《て》が生《は》えてくる。

5 低学年《ていがくねん》の児童《じどう》が使《つか》う校舎《こうしゃ》の4階《かい》のトイレには4時婆《じばば》がいる。午前《ごぜん》4時《じ》にトイレに行《い》くと4時婆《じばば》に四次元世界《よじげんせかい》へつれさらわれてしまう。

6 理科室《りかしつ》の奥《おく》にある標本室《ひょうほんしつ》には、ホルマリン漬《づ》けになった人間《にんげん》の標本《ひょうほん》が隠《かく》されている。

7 図書室《としょしつ》の像《ぞう》のなかには、生首《なまくび》がうまっている。

第九章《だいきゅうしょう》

決《けっ》して行《い》かないように！
心《しん》霊《れい》スポット全《ぜん》国《こく》MAP《マップ》

全国各地《ぜんこくかくち》の心霊《しんれい》スポットと怪奇現象《かいきげんしょう》の数々《かずかず》を教《おし》えよう。
でも、ヤバイ場所《ばしょ》ばかりなので、絶対《ぜったい》に行《い》かないこと！

北海道地方《ほっかいどうちほう》心霊《しんれい》スポットMAP《マップ》

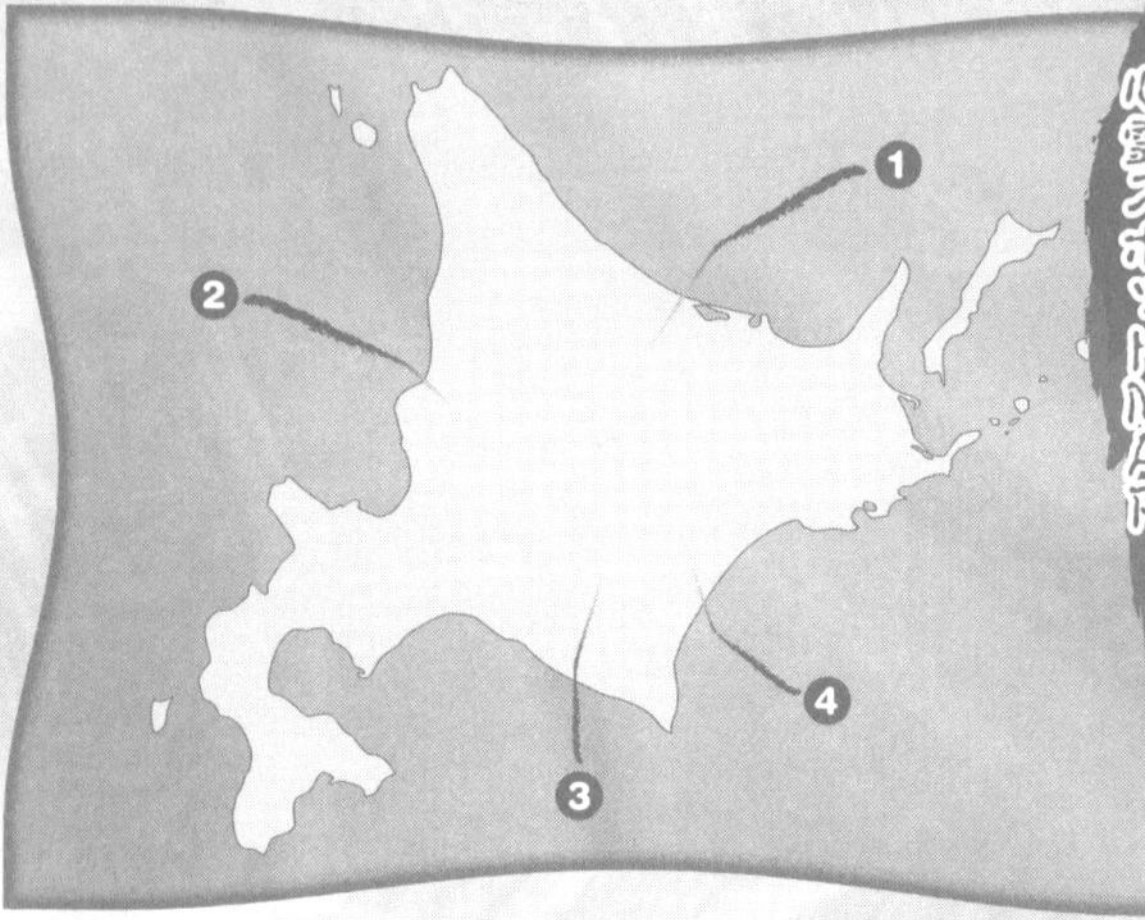

1 Aトンネル

電車《でんしゃ》が通《とお》るためのトンネルで、まだ機関車《きかんしゃ》が走《はし》っていたころから心霊《しんれい》現象《げんしょう》が起《お》きていたことで有名《ゆうめい》。機関《きかん》車《しゃ》を走《はし》らせていた運転手《うんてんしゅ》がトンネル内《ない》で流血《りゅうけつ》した霊《れい》の姿《すがた》を目撃《もくげき》したり、雨《あめ》のふる日《ひ》になると霊《れい》が出没《しゅつぼつ》するといううわさがあるなど、このトンネルに関《かん》する怪奇現象《かいきげんしょう》は数多《かずおお》い。

実《じつ》はこのトンネルが作《つく》られたとき、作業員《さぎょういん》にかなりの死者《ししゃ》が出《で》て、トンネルの近《ちか》くにうめられている。その追悼碑《ついとうひ》が、近《ちか》くの小学校跡地《しょうがっこうあとち》にある。

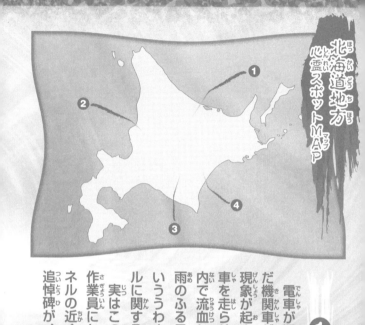

② B炭坑《たんこう》

炭坑《たんこう》の跡地《あとち》で、ガソリンスタンドや映画館《えいがかん》など、様々《さまざま》な建物《たてもの》が廃墟《はいきょ》となって残《のこ》っている。そのなかにある廃病院《はいびょういん》が心霊《しんれい》スポットとしてとくに有名《ゆうめい》。人《ひと》はいないのに突然《とつぜん》、物音《ものおと》が聞《き》こえてきたり、人影《ひとかげ》が目撃《もくげき》されるなど、ぶきみなうわさが絶《た》えない。

③ Cトンネル

小《ちい》さいため、昼間《ひるま》でもなかなかうす暗《ぐら》いトンネル。戦時中《せんじちゅう》に労働者《ろうどうしゃ》がむりやり働《はたら》かされて作《つく》られた。トンネルを作《つく》った労働者《ろうどうしゃ》がいけにえとしてうめられている、ある時間《じかん》になると白《しろ》い影《かげ》の女性《じょせい》が現《あらわ》れ、手《て》まねきをしてくるなど、様々《さまざま》なうわさがある。21世紀《せいき》に入《はい》り、新《しん》トンネルとして工事《こうじ》されてはいるが、今《いま》なおトンネル内《ない》での女性霊《じょせいれい》の目撃談《もくげきだん》がある。

④ Dの滝《たき》

景色《けしき》が美《うつく》しい観光名所《かんこうめいしょ》なのだが、自殺者《じさつしゃ》が多《おお》く出《で》る自殺《じさつ》の名所《めいしょ》としても知《し》られる。この滝《たき》の近《ちか》くにあるトイレは、焼身自殺《しょうしんじさつ》した者《もの》がいたため、建《た》てかえられたといううわさも……。

東《とう》北《ほく》地《ち》方《ほう》心《しん》霊《れい》スポットMAP《マップ》

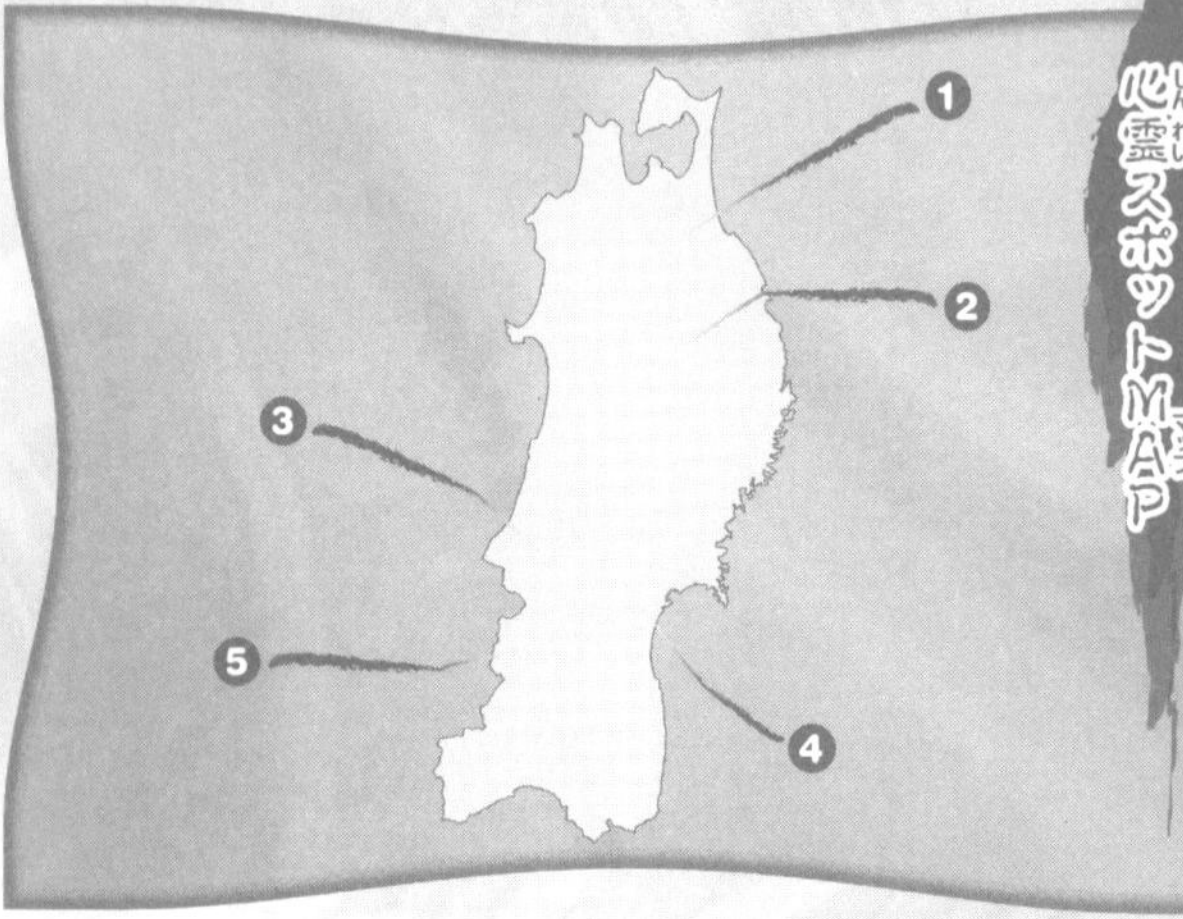

❶ E山《さん》

大昔《おおむかし》、雪《ゆき》のなかでの訓練《くんれん》を行《おこな》っていた軍隊《ぐんたい》が遭難《そうなん》して、多《おお》くの死者《ししゃ》を出《だ》した地《ち》。その慰霊碑《いれいひ》の近《ちか》くで、兵《へい》士《し》の霊《れい》を見《み》た、多数《たすう》の人間《にんげん》が行進《こうしん》する足音《あしおと》を聞《き》いたなどの体験談《たいけんだん》あり。

❷ Fの森《もり》

飛《ひ》行《こう》機《き》同《どう》士《し》の衝突《しょうとつ》事《じ》故《こ》によって、バラバラになった機体《きたい》の部品《ぶひん》とともに乗客《じょうきゃく》の遺体《いたい》が散《ち》らばった場所《ばしょ》。森《もり》に置《お》き去《ざ》りにされた女性《じょせい》が、その次《つぎ》の日《ひ》に髪《かみ》が全《ぜん》部《ぶ》真《ま》っ白《しろ》になった状態《じょうたい》

で死体《したい》として発見《はっけん》された、焼《や》けこげた人《ひと》の霊《れい》や手《て》だけの霊《れい》を見《み》た、といった怪奇現象《かいきげんしょう》のうわさが多数《たすう》ある。

③ Gホテル

かつて大地震《だいじしん》による津波《つなみ》が発生《はっせい》した際《さい》、巻《ま》きこまれて死《し》んだ人々《ひとびと》の遺《い》体《たい》が一時的《いちじてき》に保管《ほかん》されたホテル。今《いま》はもうつぶれているが、きもだめしにいどんだ者《もの》が火《ひ》の玉《たま》を目撃《もくげき》したり、ドアをたたく音《おと》を聞《き》いたりしている。

④ H橋《ばし》

自殺《じさつ》が多《おお》いことで知《し》られる山《やま》と山《やま》の間《あいだ》にかかった橋《はし》。自殺《じさつ》を防《ふせ》ぐためにフェンスを高《たか》くしたのだが、それでも自殺《じさつ》する者《もの》がいたという……。そのフェンスにしがみつく無数《むすう》の手《て》や、体《からだ》がグシャグシャになった女性《じょせい》の霊《れい》などの目撃談《もくげきだん》がある。

⑤ I不動《ふどう》

大昔《おおむかし》に首切《くびき》り場《ば》があったと言《い》われているところにある不動尊《ふどうそん》。そこにまつられている剣《つるぎ》を持《も》ち帰《かえ》ると呪《のろ》いがかかるとか、白《しろ》い車《くるま》で行《い》くといつの間《ま》にか車体《しゃたい》に子《こ》どもの手形《てがた》が付《つ》いているなどとうわさされている。

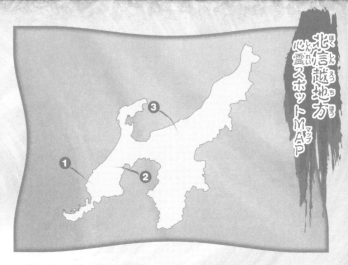

北《ほく》信《しん》越《えっ》地《ち》方《ほう》心《しん》霊《れい》スポットMAP《マップ》

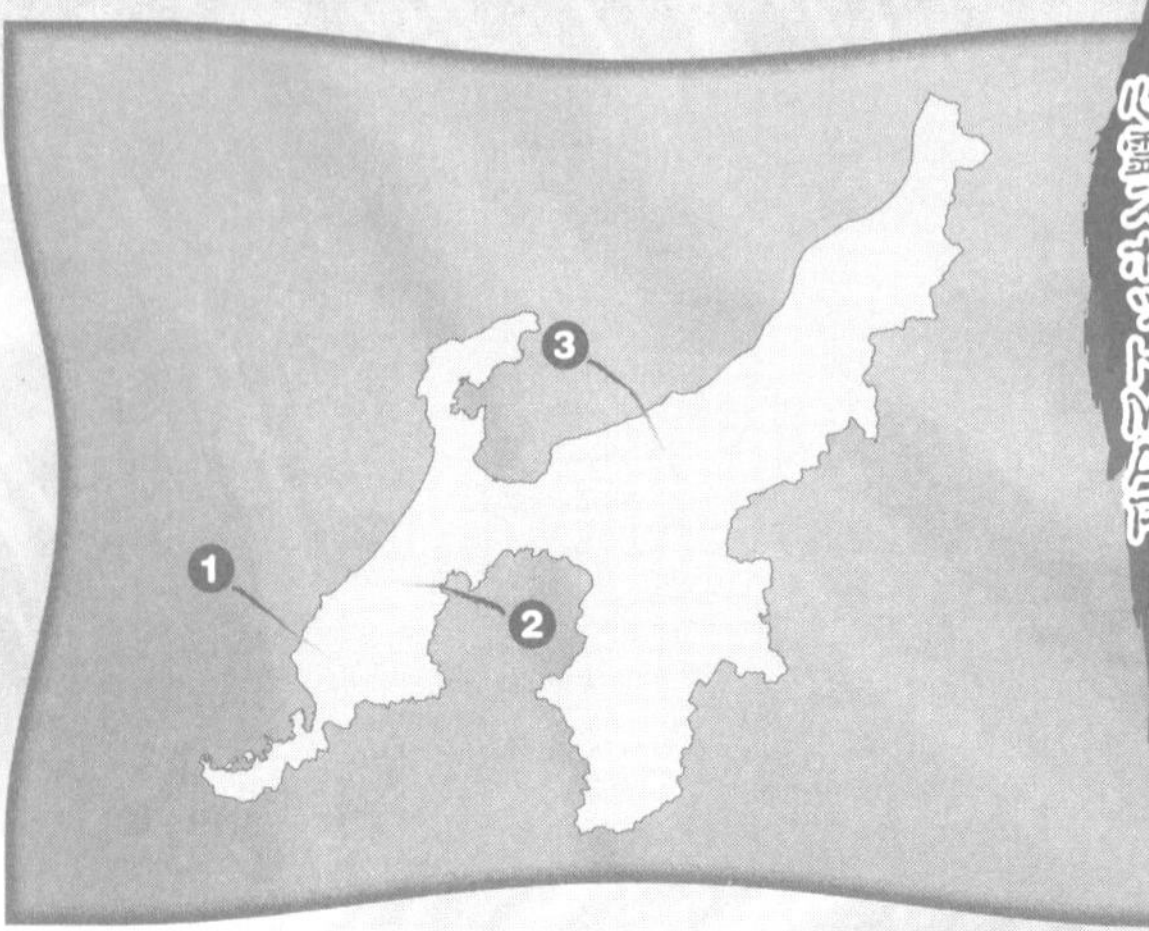

❶ J島《じま》

近《ちか》くに自殺《じさつ》の名所《めいしょ》として知《し》られるガケがある。そこで身投《みな》げした者《もの》の死体《したい》が流《なが》れ着《つ》くとうわさされているのが、この島《しま》なのだ。

そして、この島《しま》を反時計《はんとけい》まわりに一周《いっしゅう》すると、霊界《れいかい》にひきずりこまれるだとか、呪《のろ》われてしまうといったうわさがある。また、この島《しま》へ行《い》くためにかけられた赤《あか》い橋《はし》があるのだが、渡《わた》っているときに後《うし》ろをふり返《かえ》ると、これまた呪《のろ》われるという。自《じ》殺《さつ》の名所《めいしょ》であるガケでとった写真《しゃしん》には、白《しろ》いもやのようなものが写《うつ》りこむことがあるという話《はなし》も……。

❷ Kトンネル

県境《けんざかい》にある小《ちい》さなトンネル。昔《むかし》、トンネルの近《ちか》くで焼身自殺《しょうしんじさつ》があり、その後《ご》、心霊《しんれい》スポットとして有名《ゆうめい》になったという。せまいトンネルのなかには、なぜか1体《たい》だけ、お地蔵様《じぞうさま》が置《お》かれている。このお地蔵様《じぞうさま》には、血《ち》のなみだを流《なが》した、首《くび》から上《うえ》がなかったという目撃談《もくげきだん》がある。お地蔵《じぞう》様《さま》以外《いがい》でも怪奇現象《かいきげんしょう》のうわさはあり、トンネルのそばにおばあさんの霊《れい》が出《で》ることもあるらしい。

❸ L橋《ばし》

下《した》に流《なが》れる川《かわ》から100メートル近《ちか》い高《たか》さにかけられている橋《はし》。自殺《じさつ》する者《もの》が多《おお》く、今《いま》ではさくの上《うえ》に有《ゆう》刺鉄線《してつせん》が張《は》られるまでになっている。橋《はし》のまんなかで車《くるま》のエンジンを切《き》るとかからなくなる、自殺《じさつ》した者《もの》の霊《れい》が現《あらわ》れて手《て》まねきをしてくるといったうわさがたくさんある。また、この橋《はし》の近《ちか》くには小《ちい》さな鳥居《とりい》があって、それをくぐった者《もの》は必《かなら》ずたたりにみまわれるという。

関《かん》東《とう》地《ち》方《ほう》心《しん》霊《れい》スポットMAP《マップ》

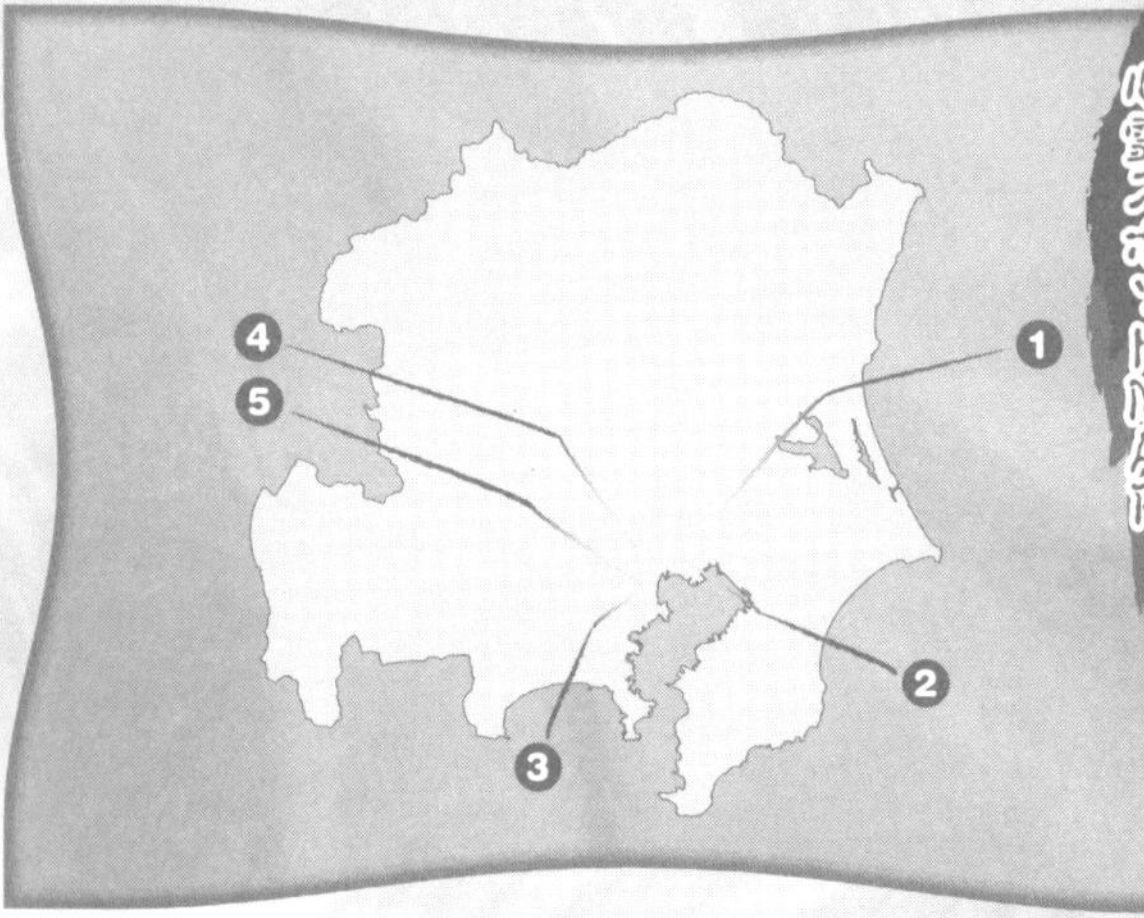

1 M観音《かんのん》

山《やま》の上《うえ》に作《つく》られた高《たか》さが数十《すうじゅう》メートルもあるとても大《おお》きな観音像《かんのんぞう》。なかに入《はい》って上《うえ》に登《のぼ》ることができ、外《そと》の風景《ふうけい》を楽《たの》しめる場所《ばしょ》もある。しかし、そこから飛《と》びおり自殺《じさつ》する者《もの》が続出《ぞくしゅつ》。今《いま》では金網《かなあみ》が張《は》られ、飛《と》びおりられないようになっている。

今《いま》は入《はい》ることはできないが、その観音像《かんのんぞう》へ向《む》かう途中《とちゅう》にあったトンネルが実《じつ》は心霊《しんれい》スポット。車《くるま》のエンジンを切《き》ってクラクションを3回《かい》鳴《な》らせば霊《れい》が出《で》るといううわさがあった。

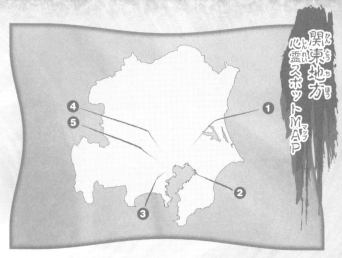

② N城跡《じょうあと》

戦国時代《せんごくじだい》に作《つく》られたお城《しろ》のあと。敵軍《てきぐん》に攻《せ》められて負《ま》けたとき、城《しろ》のなかにいた女子《おんなこ》どもが滝《たき》に身《み》を投《な》げて自殺《じさつ》、滝《たき》は3日《か》3晩《ばん》、血《ち》で赤《あか》く染《そ》まったと言《い》われている。ここで目撃《もくげき》されている霊《れい》は、武士《ぶし》や身投《みな》げしたと思《おも》われる女性《じょせい》が多《おお》い。

③ O病院《びょういん》

7階立《かいだ》てというとても大《おお》きな病院《びょういん》だが、今《いま》はつぶれている。医療《いりょう》ミスが続《つづ》いたためにつぶれており、そのミスで死《し》んでしまった人《ひと》の霊《れい》が多《おお》く目撃《もくげき》されている。

④ P公園《こうえん》

昔《むかし》、刑務所《けいむしょ》があった場所《ばしょ》に作《つく》られた公園《こうえん》。この公園《こうえん》が作《つく》られていたときから、怪奇現象《かいきげんしょう》が起《お》きていて、工事現場《こうじげんば》で多《おお》くの人《ひと》が病気《びょうき》やケガをしたらしい。そして、今《いま》でも霊《れい》がたくさん目撃《もくげき》されているスポット。

⑤ Q空港《くうこう》

空港内《くうこうない》の鳥居《とりい》を別《べつ》の場所《ばしょ》に移《うつ》そうとすると、事故《じこ》が起《お》こったという。

東《とう》海《かい》地《ち》方《ほう》心《しん》霊《れい》スポットMAP《マップ》

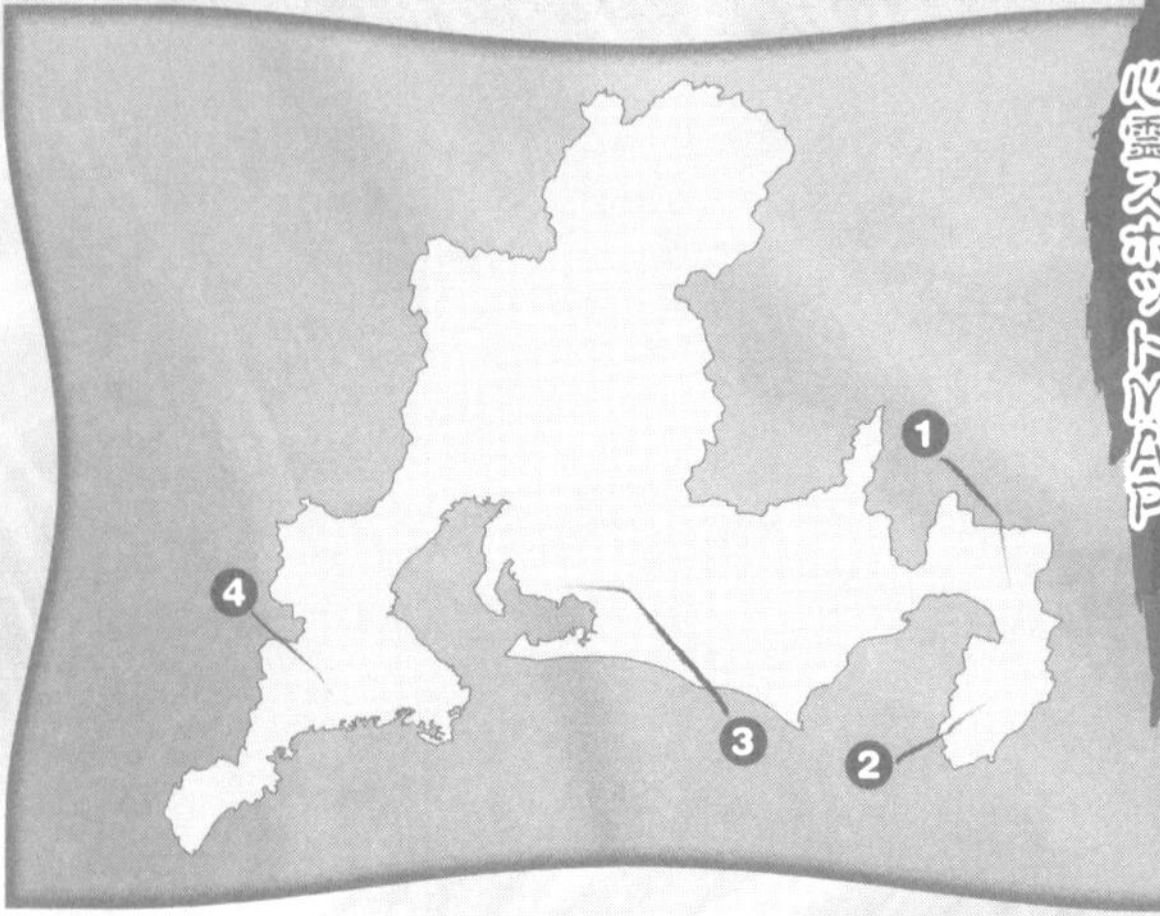

❶ R浦《うら》

ガケが2キロメートル近《ちか》く続《つづ》いており、その風景《ふうけい》は美《うつく》しい。しかし、昔《むかし》は道路《どうろ》がガケの上《うえ》にあったことから、自殺《じさつ》の名所《めいしょ》として知《し》られていた。ここからガケ下《した》の海《うみ》をのぞいていると、ひきこまれそうになるという。それは地縛霊《じばくれい》となった死者《ししゃ》が、道《みち》づれにしようとしているためとうわさされている。また、タクシーに乗《の》せた女性《じょせい》の客《きゃく》が、死者《ししゃ》の骨《ほね》を保管《ほかん》しておく建物《たてもの》の前《まえ》で突然《とつぜん》、消《き》えてしまったなど、幽霊《ゆうれい》の目撃談《もくげきだん》も数多《かずおお》い。

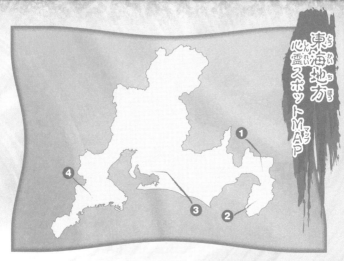

② Sトンネル

有名《ゆうめい》な小説《しょうせつ》に登場《とうじょう》していることでも知《し》られる古《ふる》いトンネル。その歴史《れきし》的価値《てきかち》は高《たか》く、今《いま》では国《くに》の重要文化《じゅうようぶんか》財《ざい》に指定《してい》されているほどである。と同時《どうじ》に、心霊《しんれい》スポットとしても有名《ゆうめい》。なかを歩《ある》いていたら、後《うし》ろからだれかがついてくる足音《あしおと》が聞《き》こえた、白《しろ》い着物姿《きものすがた》の女性霊《じょせいれい》が現《あらわ》れたといった怪奇現象《かいきげんしょう》が起《お》こっている。

③ T学園《がくえん》

建設中《けんせつちゅう》に工事関係者《こうじかんけいしゃ》の死亡事故《しぼうじこ》が続《つづ》き、工事《こうじ》が途中《とちゅう》で中止《ちゅうし》されてしまったと言《い》われている廃校《はいこう》。きもだめしをした際《さい》に、霊《れい》に取《と》りつかれた者《もの》がいるといううわさ話《ばなし》も。

④ Uとうろう

道《みち》に飛《と》び出《だ》した形《かたち》で設置《せっち》されているふしぎなとうろう。江戸時代《えどじだい》に、この場所《ばしょ》で行《い》き倒《だお》れになってまわりの人《ひと》たちを呪《のろ》いながら死《し》んだ人《ひと》を供養《くよう》するために作《つく》られたという言《い》い伝《つた》えがある。そして、これを移動《いどう》させようとする者《もの》には、わざわいがふりかかると言《い》われている。

近《きん》畿《き》地《ち》方《ほう》心《しん》霊《れい》スポットMAP《マップ》

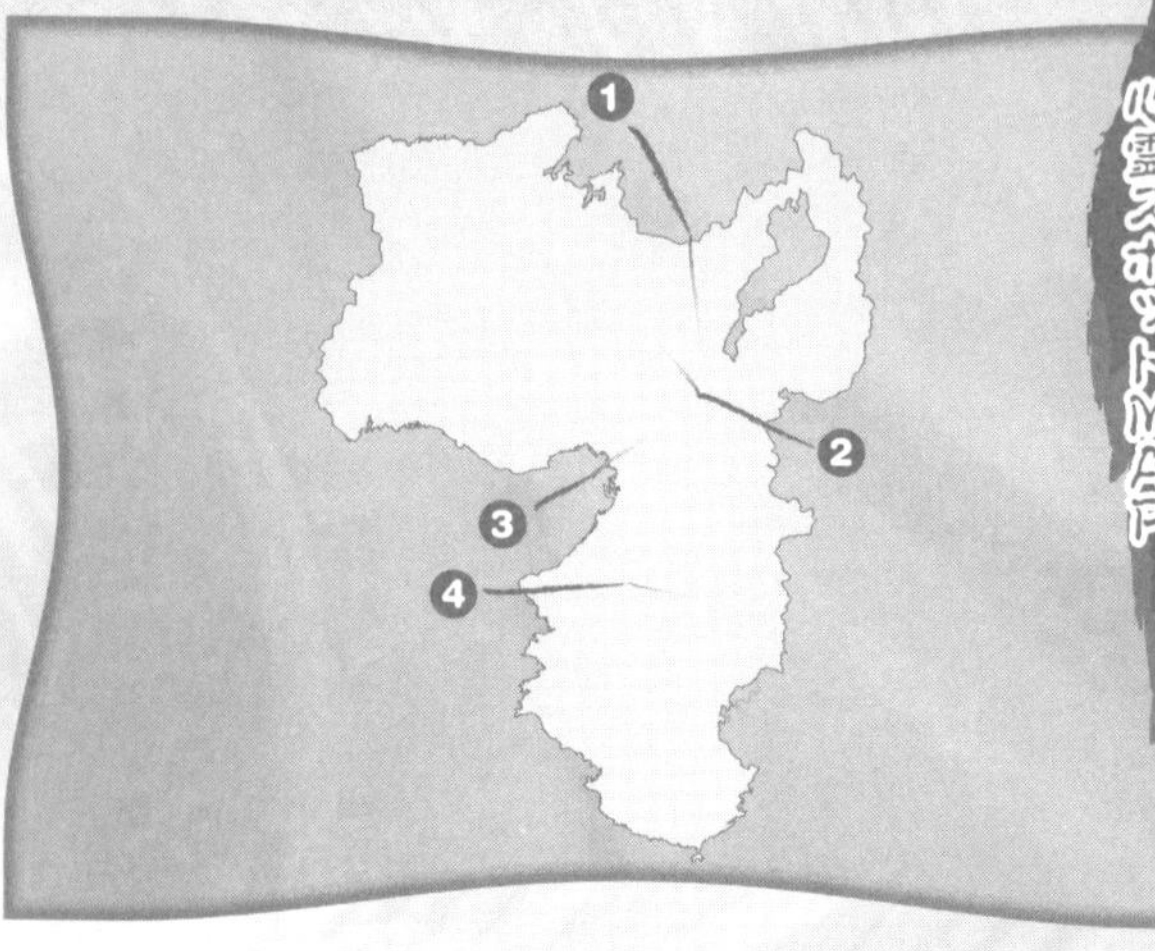

1 Vトンネル

元《もと》は鉄《てつ》道《どう》用《よう》のトンネルだったが、その路《ろ》線《せん》がつぶれ、道《どう》路《ろ》トンネルとして使《つか》われている。幅《はば》はせまく、車《くるま》1台《だい》が通《とお》るのがやっと。このなかでは、昔《むかし》のかっこうをした老《ろう》人《じん》や子《こ》どもの霊《れい》が多《おお》く目《もく》撃《げき》されている。また、トンネル近《ちか》くにある道《みち》でも霊《れい》が現《あらわ》れており、そこのカーブミラーには様《さま》々《ざま》なうわさがある。代《だい》表《ひょう》的《てき》なものとしては、子《こ》どもの霊《れい》がうつる、ミラーの下《した》を通《とお》ったときに姿《すがた》がうつらなかった人《にん》間《げん》は死《し》んでしまうなど。

❷ W線《せん》

同《おな》じ霊《れい》しか出《で》ないめずらしいタイプの心霊《しんれい》スポットである道《みち》。現《あらわ》れる霊《れい》は30代《だい》の女性霊《じょせいれい》で、黒《くろ》っぽい服《ふく》を着《き》ているという。そして、その女性《じょせい》を霊《れい》と気付《きづ》かずに助手席《じょしゅせき》に乗《の》せたところ、いつの間《ま》にか消《き》えていた、女性《じょせい》を車《くるま》でひいたと思《おも》って、おりて確認《かくにん》しても姿《すがた》が見当《みあ》たらなかったという現象《げんしょう》が起《お》こっている。そのため、いつからかこの道《みち》は〝幽霊街道《ゆうれいかいどう》〟とよばれるようになった。ちなみに、この幽霊騒動《ゆうれいそうどう》は新聞《しんぶん》にものっている。

❸ Xの広場《ひろば》

地下街《ちかがい》にある広場《ひろば》で、深夜《しんや》になると赤《あか》い服《ふく》を着《き》た女性《じょせい》の霊《れい》が現《あらわ》れるという。そして、この霊《れい》と目《め》があった者《もの》は死《し》んでしまうと言《い》われている。

❹ Yトンネル

ほられていたときから事故《じこ》が多《おお》かったトンネル。天井《てんじょう》の土《つち》がくずれ落《お》ちたり、列車《れっしゃ》の追突事故《ついとつじこ》や火災事故《かさいじこ》などで、死者《ししゃ》が出《で》ている。今《いま》は入《はい》ることはできなくなっているが、昔《むかし》はたくさん心霊現象《しんれいげんしょう》が目撃《もくげき》された地《ち》。

中国地方《ちゅうごくちほう》心霊《しんれい》スポットMAP《マップ》

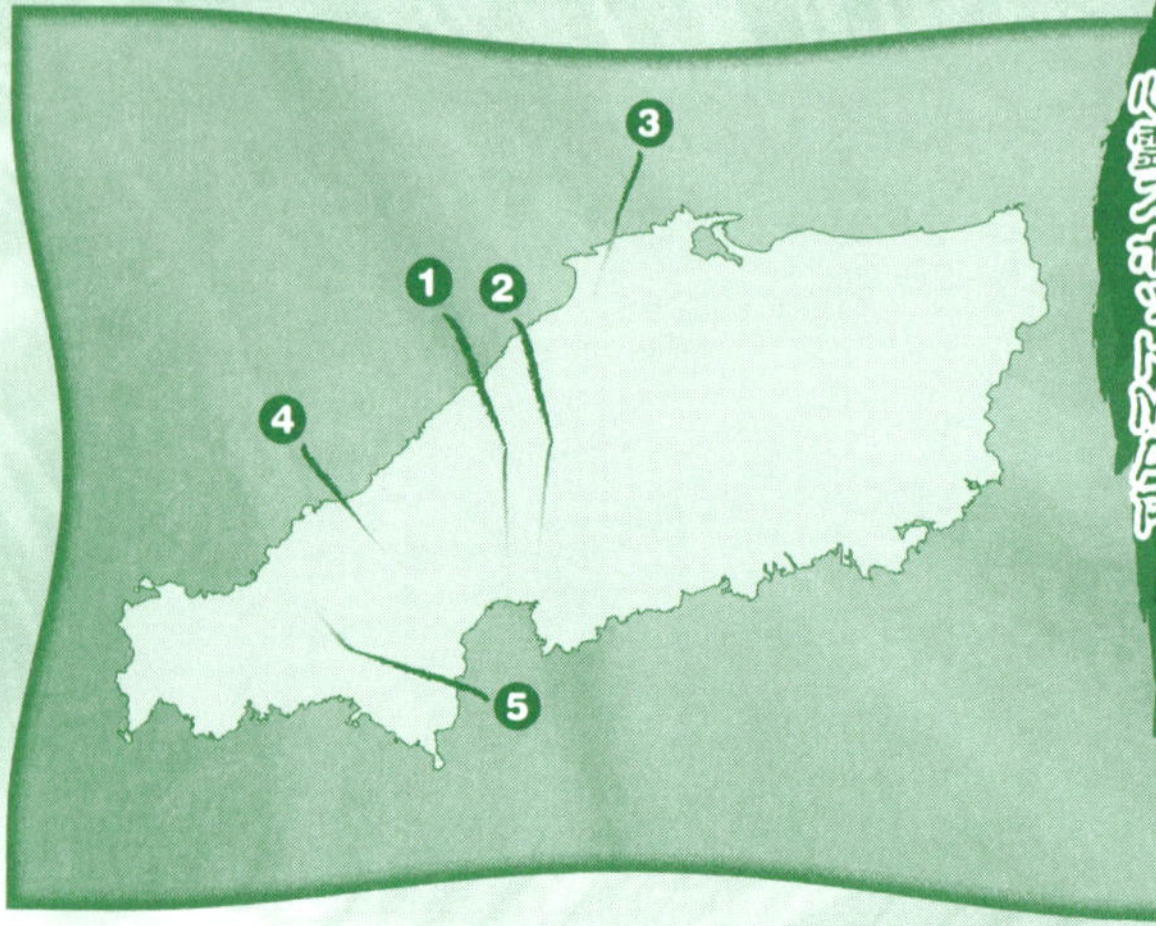

① Zダム

きもだめしに出《で》かけたメンバーのうち一人《ひとり》が突然《とつぜん》、行方不明《ゆくえふめい》になり、その後《ご》、ダムの底《そこ》で発見《はっけん》されたという話《はなし》がある。ここでは自殺《じさつ》や事故《じこ》が多発《たはつ》しているという。

② ●峠《とうげ》

かつてこの峠《とうげ》には廃屋《はいおく》があり、そこに住《す》んでいた家族《かぞく》は、惨殺《ざんさつ》されたという。この廃屋《はいおく》に入《はい》った者《もの》がテープに録音《ろくおん》していたところ、別《べつ》の人間《にんげん》の声《こえ》が録《と》れていたという話《はなし》がある。

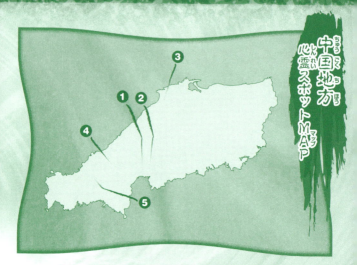

3 ▲池《いけ》

龍神《りゅうじん》がまつられており、この池《いけ》にすむ大蛇《だいじゃ》が人間《にんげん》の娘《むすめ》として生《う》まれたという伝説《でんせつ》が残《のこ》っている。全身《ぜんしん》がぬれた男女《だんじょ》の霊《れい》が出《で》るといううわさや池《いけ》をきたなくした人間《にんげん》は水《みず》に関係《かんけい》した事故《じこ》にあうといった話《はなし》がある。

4 ■森《もり》

自然《しぜん》とふれあえる施設《しせつ》がある森《もり》。ここの駐車場《ちゅうしゃじょう》には、なぜか一《ひと》つだけ駐車禁止《ちゅうしゃきんし》になっているスペースがある。うわさによると、そこでは昔《むかし》、焼身自殺《しょうしんじさつ》が行《おこな》われたというのだ。そして、車《くるま》を止《と》めると霊《れい》がついてきて、帰《かえ》りに必《かなら》ず事故《じこ》にあってしまうと言《い》われている。

5 ◎ダム

このダムの堤防《ていぼう》の近《ちか》くには、人《ひと》の手《て》でほられたトンネルがある。このトンネルがほられていたときの事故《じこ》で死《し》んだ人《ひと》が亡霊《ぼうれい》として現《あらわ》れるのだとうわさされている。また、女性《じょせい》の霊《れい》がおいでおいでしている様子《ようす》をうつしたビデオが、テレビ番組《ばんぐみ》で紹介《しょうかい》されたこともある。

四《し》国《こく》地《ち》方《ほう》心《しん》霊《れい》スポットMAP《マップ》

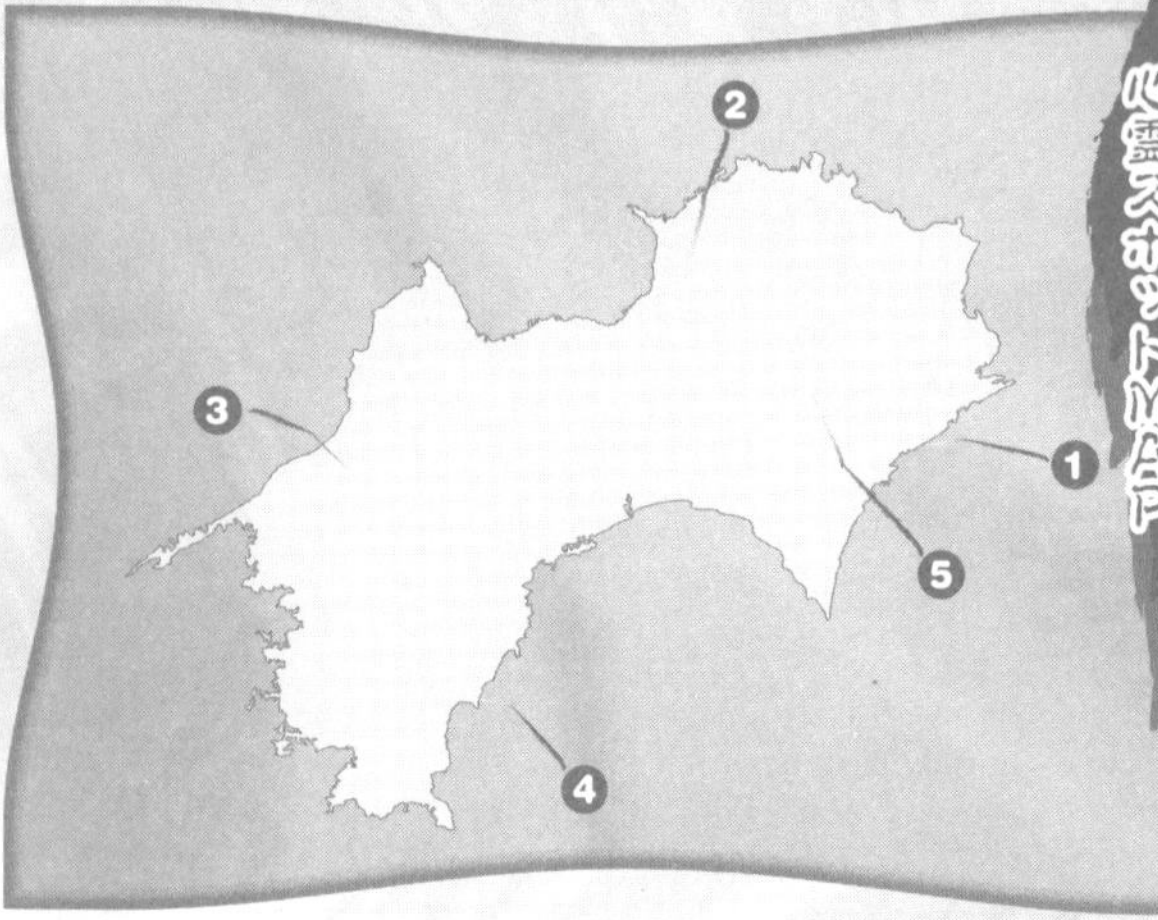

①◆のうず潮《しお》

観光《かんこう》スポットにもなっている大《おお》きなうず潮《しお》。うずの中央《ちゅうおう》に女性《じょせい》の霊《れい》がうかびあがり、手《て》まねきをしてくるという。また、夜《よる》になると、うず潮《しお》の上《うえ》にたくさんの人魂《ひとだま》がういている様子《ようす》も目撃《もくげき》されている。

②＊峠《とうげ》

戦国時代《せんごくじだい》、戦《たたか》いに負《ま》けた多《おお》くの侍《さむらい》たちが首《くび》を切《き》ったという言《い》い伝《つた》えがある峠《とうげ》。そして、その霊《れい》たちを供養《くよう》するためのお地蔵様《じぞうさま》が立《た》てられ

ているらしい。しかし、いまだにその侍《さむらい》たちは成仏《じょうぶつ》していないという。日《ひ》が暮《く》れたあとに峠《とうげ》を通《とお》ると、うめき声《ごえ》が聞《き》こえてきたり、首《くび》のない鎧《よろい》武者《むしゃ》の姿《すがた》が見《み》えたりすることがあると、うわさされている。

③ @病院《びょういん》

かつては重病《じゅうびょう》の人《ひと》専用《せんよう》だったと言《い》われている病院《びょういん》で、今《いま》はもうつぶれている。ここにきもだめしに来《き》た人《にん》間《げん》が、病院内《びょういんない》をさまよっている霊《れい》を見《み》たり、だれもいない部屋《へや》でうめき声《こえ》を聞《き》いたりしたという……。

---

④ ★岬《みさき》

ガケがあり、自殺《じさつ》の名所《めいしょ》として知《し》られている。血《ち》だらけのサラリーマンの霊《れい》から話《はな》しかけられたり、女性《じょせい》の霊《れい》を目撃《もくげき》した人間《にんげん》がいるという。また、写真《しゃしん》をとった際《さい》、心霊写真《しんれいしゃしん》がよくとれるとも言《い》われている。

⑤ ○トンネル

このトンネルの近《ちか》くには、死体《したい》を焼《や》く火葬場《かそうば》がある。そして、そこで焼《や》かれた人《ひと》の霊《れい》が、このトンネル近《ちか》くに現《あらわ》れるとうわさされている。

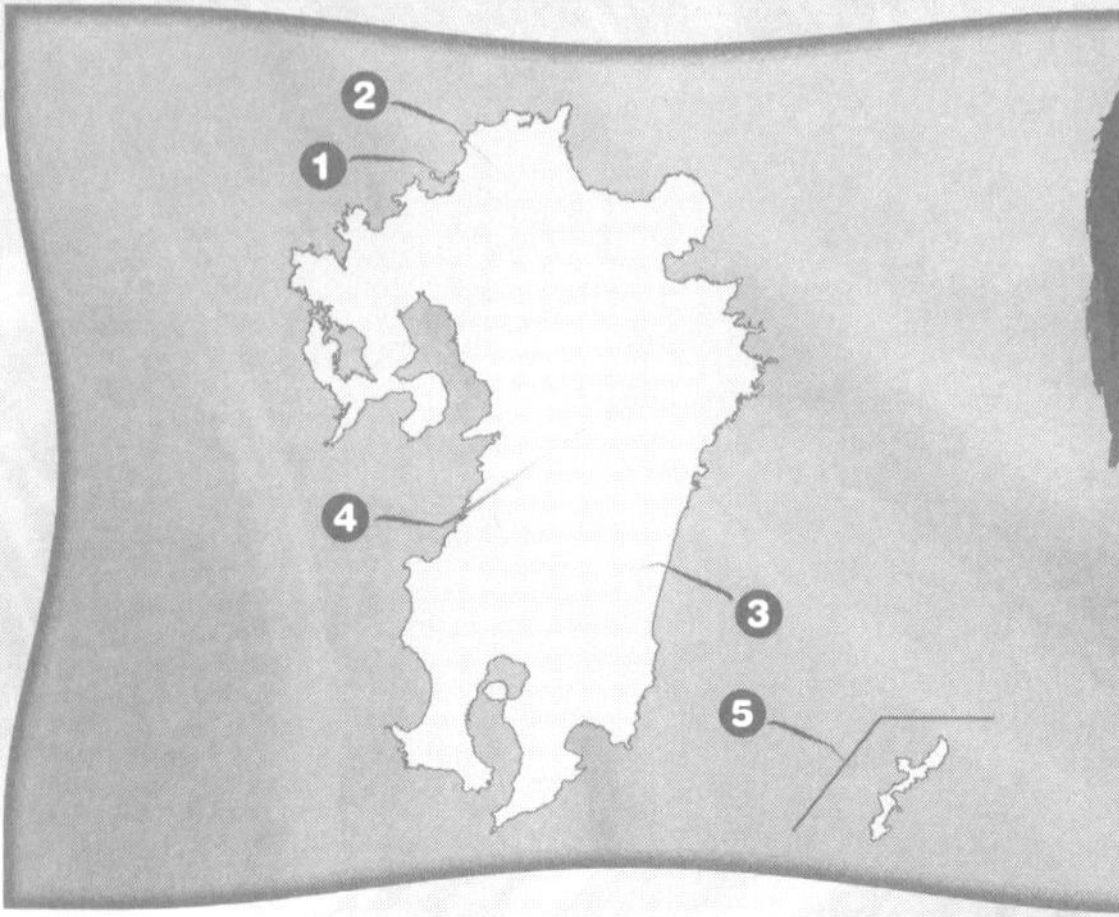

九州《きゅうしゅう》・沖縄《おきなわ》地方《ちほう》 心霊《しんれい》スポットMAP《マップ》

1 △トンネル

かつて、この地《ち》で生《い》きたまま人間《にんげん》が焼《や》かれたといううわさがあるトンネル。霊《れい》を見《み》たという人間《にんげん》がたくさんいて、それが原因《げんいん》かは不明《ふめい》だが、今《いま》はもう入《はい》ることはできない。

2 旧《きゅう》□トンネル

国《くに》の有形文化財《ゆうけいぶんかざい》に指定《してい》されている明治時代《めいじじだい》に作《つく》られたトンネル。この近《ちか》くでは女性《じょせい》の霊《れい》に追《お》いかけられた、突然《とつぜん》、カーステレオが止《と》まったなど、たくさん怪奇現象《かいきげんしょう》が起《お》こっている。

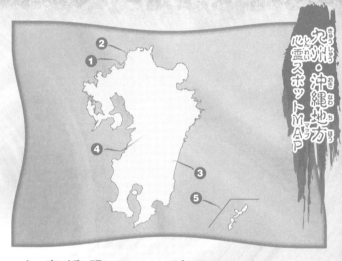

そして、霊《れい》の目撃談《もくげきだん》と同様《どうよう》に、様々《さまざま》なうわさがささやかれているのも特徴《とくちょう》。例《たと》えば、谷《たに》へバスが落《お》ち、そのとき死《し》んだ乗客《じょうきゃく》が霊《れい》となってトンネルに現《あらわ》れる……、トンネルのなかで人《ひと》が殺《ころ》された……、トンネルの近《ちか》くで強盗殺人事件《ごうとうさつじんじけん》が起《お》こったなど……。なお、このトンネルも今《いま》では、なかには入《はい》ることはできない。

③ ×トンネル

トンネル内《ない》で車《くるま》を止《と》めてクラクションを3回鳴《かいな》らすと、〝コツコツ〟という足音が聞こえてくるとうわさされている。このトンネルは、元《もと》は軍用《ぐんよう》だった道路《どうろ》にあることから、軍人《ぐんじん》の霊《れい》が現《あらわ》れるという話《はなし》もある。

④ !橋《はし》

下《した》の川《かわ》まで120メートルもある橋《はし》。自殺《じさつ》の名所《めいしょ》として知《し》られている。この橋《はし》の上《うえ》を歩《ある》いていると、足《あし》をひっぱられるような感《かん》じがするという。

⑤ ?公園《こうえん》

戦争《せんそう》でなくなった兵士《へいし》や一般市民《いっぱんしみん》の霊《れい》がさまよう姿《すがた》が、この公園《こうえん》ではいっぱい目撃《もくげき》されている。

全国《ぜんこく》各地《かくち》の七不思議《ななふしぎ》が大集合《だいしゅうごう》！

オラが学校《がっこう》の七不思議《ななふしぎ》発表会《はっぴょうかい》 六《ろく》

栃木県《とちぎけん》
D小学校《しょうがっこう》
チョコチョコ

1 図工室《ずこうしつ》にある像《ぞう》を夜《よる》、見《み》にいくと、並《なら》んでいる順番《じゅんばん》が放課後《ほうかご》と変《か》わっていることがある。でも、次《つぎ》の日《ひ》の朝《あさ》には元《もと》にもどっている。

2 雷《かみなり》が落《お》ちる夜《よる》、稲光《いなびかり》のなか、避雷針《ひらいしん》につきささった人影《ひとかげ》が見《み》えることがある。

3 用具室《ようぐしつ》にある古《ふる》いカメラで写真《しゃしん》をとられると、魂《たましい》がぬきとられてしまう。

4 プールの飛《と》びこみ台《だい》で足《あし》をすべらせ、頭《あたま》を打《う》って死《し》んだ子《こ》がいる。その台《だい》は、たまにツルツルとすべりやすくなることがある。

5 体育館《たいいくかん》のモップに、大量《たいりょう》の長《なが》い黒髪《くろかみ》がからまっていることがある。

6 校長室《こうちょうしつ》に戦時中《せんじちゅう》、死《し》んだ子《こ》どもの霊《れい》が現《あらわ》れる。

7 夜《よる》、トーテムポール同士《どうし》がおしゃべりをする。

第十章《だいじゅっしょう》

霊《れい》ってなに？

なぜなに相《そう》談《だん》室《しつ》

心霊現象《しんれいげんしょう》ってふしぎが、いっぱい！　そこで、全国《ぜんこく》から寄《よ》せられた霊《れい》に関《かん》する疑問《ぎもん》に答《こた》えていくぞ!!

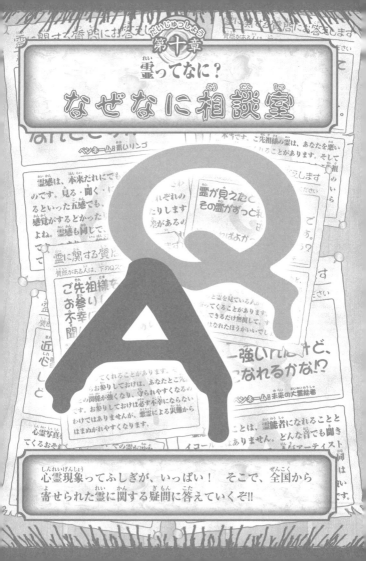

霊《れい》に関《かん》する質問《しつもん》にお答《こた》えします

質問《しつもん》がある人《ひと》は、下《した》のQスペースに書《か》いてください

霊感《れいかん》がある人《ひと》とない人《ひと》がいるのはなんでですか？

ペンネーム：青《あお》いリンゴ

霊感《れいかん》は、本来《ほんらい》だれにでもそなわっているものです。見《み》る・聞《き》く・におう・味《あじ》わう・さわるといった五感《ごかん》でも、人《ひと》によってそれぞれの感覚《かんかく》がするどかったり、にぶかったりしますよね。霊感《れいかん》も同《おな》じで、人《ひと》によって差《さ》があるのです。つまり、一般的《いっぱんてき》に霊感《れいかん》がないと言《い》われている人《ひと》は、霊感《れいかん》がとても弱《よわ》いだけなのです。

霊《れい》に関《かん》する質問《しつもん》にお答《こた》えします

質問《しつもん》がある人《ひと》は、下《した》のQスペースに書《か》いてください

かなしばりによくあうのですが、ボクは悪霊《あくりょう》に取《と》りつかれているのでしょうか……。

ペンネーム：ヘロバイ

かなしばりとは体《からだ》はねむっていて、心《こころ》だけが活動《かつどう》している状態《じょうたい》を言《い》います。そして、霊《れい》が原因《げんいん》でないことが多《おお》いです。体《からだ》をゆっくり休《やす》め、ストレスがないように生活《せいかつ》を変《か》えれば大半《たいはん》の人《ひと》は治《なお》ります。もし、それでも治《なお》らず、怪奇現象《かいきげんしょう》が起《お》こるようになった場合《ばあい》は、神社《じんじゃ》でおはらいをしてもらうといいでしょう。

霊《れい》に関《かん》する質問《しつもん》にお答《こた》えします

質問《しつもん》がある人《ひと》は、下《した》のQスペースに書《か》いてください

ご先《せん》祖《ぞ》様《さま》を大事《だいじ》にしてお参《まい》りしていないと、不《ふ》幸《こう》になるって聞《き》いたことがあります。本当《ほんとう》ですか？

ペンネーム：ハイカー

本当《ほんとう》です。ご先祖様《せんぞさま》の霊《れい》は、あなたを悪《わる》い霊《れい》から守《まも》ってくれることがあります。そして普段《ふだん》からお参《まい》りしておけば、あなたとご先祖《せんぞ》様《さま》との関係《かんけい》が強《つよ》くなり、守《まも》られやすくなるのです。お参《まい》りしておけば必《かなら》ず不幸《ふこう》にならないわけではありませんが、悪霊《あくりょう》による災難《さいなん》からはまぬがれやすくなります。

霊《れい》に関《かん》する質問《しつもん》にお答《こた》えします

質問《しつもん》がある人《ひと》は、下《した》のQスペースに書《か》いてください

霊《れい》が見《み》えたとき、その霊《れい》がずっと私《わたし》を見《み》てたので逃《に》げたんです。どうすればよかったのでしょう？

ペンネーム：家《いえ》なき子《こ》ポッチ

逃《に》げて正解《せいかい》です。霊《れい》はうらみや悲《かな》しみなど、生《い》きている人《ひと》に何《なに》かをうったえたがっていることが多《おお》いです。そして、霊《れい》のことを話《はな》したり、じっと霊《れい》を見《み》ている人《ひと》がいると、その人《ひと》に近寄《ちかよ》ってくることがあります。霊《れい》が見《み》えたときは、できるだけ無視《むし》して、すぐにでもその場《ば》からはなれたほうがいいでしょう。

霊《れい》に関《かん》する質問《しつもん》にお答《こた》えします

質問《しつもん》がある人《ひと》は、下《した》のQスペースに書《か》いてください

オレって霊感《れいかん》スッゲー強《つよ》いんだけど、霊能者《れいのうしゃ》になれるかな⁉

ペンネーム：未来《みらい》の大霊能者《だいれいのうしゃ》

霊感《れいかん》が強《つよ》いことは、霊能者《れいのうしゃ》になれることとイコールではありません。どんな音《おと》でも聞《き》き分《わ》けられるからといって、人気《にんき》アーティストになれるわけではないでしょう？　これと同《おな》じです。霊能者《れいのうしゃ》になるには霊《れい》の説得《せっとく》や、おはらいができなければなりません。霊感《れいかん》が強《つよ》いだけでは、かえってあぶない場合《ばあい》が多《おお》いです。

霊《れい》に関《かん》する質問《しつもん》にお答《こた》えします

質問《しつもん》がある人《ひと》は、下《した》のQスペースに書《か》いてください

近所《きんじょ》で写真《しゃしん》をとっていたら、心霊写真《しんれいしゃしん》がとれてしまいました……。どうしたらいいでしょう？

ペンネーム：地獄《じごく》の阿修羅《あしゅら》

心霊写真《しんれいしゃしん》を持《も》っておくと、その霊《れい》が近寄《ちかよ》ってくるおそれがあります。捨《す》ててしまったほうがいいでしょう。そして、捨《す》てる前《まえ》にはおはらいをしておくことをおすすめします。神社《じんじゃ》で神主《かんぬし》さんにおはらいしてもらうか、それが無理《むり》なら、心霊写真《しんれいしゃしん》を塩《しお》といっしょにふうとうに入《い》れ、浄化《じょうか》してから捨《す》ててください。

全国各地《ぜんこくかくち》の七不思議《ななふしぎ》が大集合《だいしゅうごう》！

オラが学校《がっこう》の七不思議発表会《ななふしぎはっぴょうかい》 七《なな》

宮崎県《みやざきけん》
K小学校《しょうがっこう》
ラジカル

1 体育館《たいいくかん》のバスケットゴールに生首《なまくび》がはさまって、うなっていることがある。

2 プールの目《め》をあらうじゃぐちから、緑色《みどりいろ》の液《えき》体《たい》がふき出《だ》すことがある。

3 家庭科室《かていかしつ》のかべにペンキがうわぬりされているところには、死体《したい》がうめられている。

4 夕方《ゆうがた》になると、サッカーのゴールネットに手《て》首《くび》や足首《あしくび》がからまっていることがある。

5 終戦記念日《しゅうせんきねんび》の夜《よる》、体育館《たいいくかん》への渡《わた》りろうかを大《おお》勢《ぜい》の兵隊《へいたい》が行進《こうしん》する。

6 校長室《こうちょうしつ》の歴代校長先生《れきだいこうちょうせんせい》の写真《しゃしん》で、もう死《し》んでいる先生《せんせい》の写真《しゃしん》は、夜《よる》に目《め》が光《ひか》ることがある。

7 七不思議《ななふしぎ》の7番目《ばんめ》の話《はなし》はだれも知《し》らない。知《し》った人《ひと》には、とてもおそろしいことが起《お》きる。

第十一章《だいじゅういっしょう》

キミは分《わ》かるかな？

心《しん》霊《れい》写《しゃ》真《しん》クイズ

ボクたち心霊写真鑑定団《しんれいしゃしんかんていだん》！　キミもボクらといっしょに
写真《しゃしん》のどこに怪奇現象《かいきげんしょう》が起《お》こっているのか探《さが》してくれ!!

心霊写真《しんれいしゃしん》一《いち》
深夜《しんや》にハイチーズ～!

これは終電《しゅうでん》の時間《じかん》も過《す》ぎたあとの、とある公園《こうえん》での1枚《まい》。V《ブイ》サインをしている男性《だんせい》の後《うし》ろには、もはや人通《ひとどお》りはなく、明《あ》かりがぽつぽつとついているだけなのだが……。

ヒント

この心霊写真《しんれいしゃしん》は、V《ブイ》サインしているおじちゃんから、スッゲー楽《たの》しそうな感《かん》じがしているぞ!

答《こた》えは204ページ

答《こた》えは204ページ

心霊写真《しんれいしゃしん》二《に》
ある駐車場《ちゅうしゃじょう》にて

車《くるま》好《ず》きの男性《だんせい》二人《ふたり》が、ドライブの休《きゅう》けい中《ちゅう》にとった記念写真《きねんしゃしん》。ドライブ先《さき》ではいつも写真《しゃしん》をとるそうなのだが、そのなかの1枚《まい》にだけ、心霊《しんれい》写真《しゃしん》がまじっていたそうだ。

ヒント

この車《くるま》は事故《じこ》でも起《お》こしたのでしょうか……。とてもいやな感《かん》じがします。

答《こた》えは205ページ

心霊写真《しんれいしゃしん》三《さん》

カメラが趣味《しゅみ》だと……

カメラが趣味《しゅみ》の人《ひと》は、いろいろな場所《ばしょ》で写真《しゃしん》をとることが多《おお》い。そのため、心霊写真《しんれいしゃしん》がとれる確率《かくりつ》はほかの人《ひと》よりも高《たか》いのだ。そんなカメラ好《ず》きの人《ひと》がとってしまった心霊写真《しんれいしゃしん》。

ヒント

水《みず》が流《なが》れ落《お》ちているところから、な〜んかあやしい感《かん》じがするぜ!?

心霊写真《しんれいしゃしん》四《よん》
観光《かんこう》している外国人《がいこくじん》

これまた、写真好《しゃしんず》きの人《ひと》がとったもの。お寺《てら》で観光中《かんこうちゅう》の外国人《がいこくじん》をとらせてもらったところ、心霊写真《しんれいしゃしん》がとれてしまったらしい。では、どこに心霊現象《しんれいげんしょう》が起《お》きているのだろう？

ヒント

この写真《しゃしん》からは、いやな感《かん》じが全然《ぜんぜん》しない。むしろ、右《みぎ》のお姉《ねえ》さんから温《あたた》かい感《かん》じがしてくるわ。

答《こた》えは205ページ

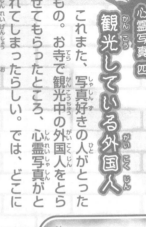

キミは何問《なんもん》分《わ》かったかな?
心霊現象《しんれいげんしょう》はココだ!

心霊写真《しんれいしゃしん》一《いち》

右手《みぎて》の指《ゆび》の数《かず》を数《かぞ》えてみると、1本《ぼん》増《ふ》えているだろう。これは近《ちか》くにいた子《こ》どもの霊《れい》のイタズラなんだ。

右手《みぎて》の指《ゆび》が6本《ぼん》になっている!

鑑定団《かんていだん》の先生《せんせい》である私《わたし》が、写真《しゃしん》と心霊現象《しんれいげんしょう》の解説《かいせつ》をしていくよ。

心霊写真《しんれいしゃしん》二《に》

車《くるま》の下《した》の手《て》は、交通事故《こうつうじこ》で死《し》んだ霊《れい》のもの。事故現場《じこげんば》を走《はし》ったときに、一時的《いちじてき》についてきてしまったんだね。

車《くるま》の下《した》からだれかの手《て》がのびている!

心霊写真《しんれいしゃしん》三《さん》

水《みず》しぶきにうかぶ顔《かお》は、浮遊霊《ふゆうれい》のものなんだ。写《うつ》ったのは偶然《ぐうぜん》だけど、写真《しゃしん》はおはらいしたほうがいいよ。

心霊写真《しんれいしゃしん》四《よん》

足《あし》が消《き》えているのは、守護霊《しゅごれい》のサイン。ケガなど、足《あし》に悪《わる》いことが起《お》きそうだと教《おし》えてくれているんだ。

CONTENTS もくじ

都市伝説&怪談スペシャル

ビビる！都市伝説《としでんせつ》&怪談《かいだん》スペシャル

2017年5月10日　初版第1刷発行
2025年2月17日　初版第3刷発行

●制作スタッフ●

カバーイラスト／トキシユリコ

本文マンガ／草加ハルヒ
たのまゆうむ
飛鷹棗

本文イラスト／谷朋
蜂文太
あきづき弥
吉田尚穂
草加ハルヒ
飛鷹棗
横井三歩
矢井有好
ノムラ=ポレポレ

カバーデザイン／児山奈津子
（ウェッジホールディングス）

本文デザイン／佐々木由幸
（ウェッジホールディングス）

文／有澤健
法印堂沙亜羅

編　者　実業之日本社
発行者　岩野裕一
発行所　株式会社実業之日本社
〒107-0062
東京都港区南青山6-6-22
emergence 2
電話（編集）03-6809-0452
（販売）03-6809-0495
https://www.j-n.co.jp/
印刷所　大日本印刷株式会社
製本所　株式会社ブックアート

ISBN978-4-408-33704-3（第一趣味）